THEME 51

玩日本排行程超簡單 東卷

東京・關東・中部
北海道・東北

圖解**43條**行程規畫路線×
景點×交通×住宿×票券×美食全制霸

作者墨刻編輯部
攝影墨刻編輯部
編輯陳楷琪
美術設計許靜萍・羅婕云
封面設計羅婕云
地圖繪製墨刻編輯部・許靜萍

出版公司
墨刻出版股份有限公司
地址：台北市104民生東路二段141號9樓
電話：886-2-2500-7008／傳真：886-2-2500-7796
E-mail：mook_service@hmg.com.tw
發行公司
英屬蓋曼群島商家庭傳媒股份有限公司城邦分公司
城邦讀書花園：www.cite.com.tw
劃撥：19863813／戶名：書虫股份有限公司
香港發行城邦（香港）出版集團有限公司
地址：香港灣仔駱克道193號東超商業中心1樓
電話：852-2508-6231／傳真：852-2578-9337
城邦（馬新）出版集團 Cite (M) Sdn Bhd
地址：41, Jalan Radin Anum, Bandar Baru Sri Petaling,
57000 Kuala Lumpur, Malaysia.
電話：(603)90563833／傳真：(603)90576622／
E-mail：services@cite.my
製版・印刷
藝樺設計有限公司・漾格科技股份有限公司
ISBN978-986-289-841-3・978-986-289-843-7（EPUB）
城邦書號KX0051 **初版**2023年3月 **三刷**2023年7月
定價420元
MOOK官網www.mook.com.tw
Facebook粉絲團
MOOK墨刻出版 www.facebook.com/travelmook
版權所有・翻印必究

執行長何飛鵬
PCH集團生活旅遊事業總經理暨墨刻出版社長李淑霞

總編輯汪雨菁
資深主編呂宛霖
採訪編輯趙思語・陳楷琪
叢書編輯唐德容
資深美術設計主任羅婕云
資深美術設計李英娟
影音企劃執行邱茗晨

業務經理詹顏嘉
業務副理劉玫玫
業務專員程麒
行銷企畫經理呂妙君
行銷專員許立心
行政專員呂瑜珊

印務部經理王竟為

國家圖書館出版品預行編目(CIP)資料

玩日本排行程超簡單!. 東卷：東京.關東.中
部.北海道.東北/墨刻編輯部作. -- 初版. --
臺北市：墨刻出版股份有限公司出版：英
屬蓋曼群島商家庭傳媒股份有限公司城邦
分公司發行, 2023.03
244面；16.8×23公分. -- (Theme ; 51)
ISBN 978-986-289-841-3(平裝)

1.旅遊 2.日本

731.9   112001428

¥210

搭巴士 **13**分

鶴ヶ城入口搭乘ハイカラさん，
至御藥園下車

16:00

御藥園

Map

園內現有4百多種藥草，庭園由江戶名家設計，以心字形的大池塘來象徵大海，將山林、溪水、野原以植栽、流水、草坪呈現於園中，還在池塘中央的小島上蓋了座可供納涼的樂壽亭，景致優美宜人。

Web

時間 8:30~17:00(入園至16:30) 價格 大人￥330，高中生￥270，國中小學生￥160

17:28

¥210

搭巴士 **9**分

搭乘ハイカラさん，至東山溫泉下車

18:00

東山溫泉

Map

距離會津若松市區約10分鐘車程的東山溫泉，據說是1300年前由行基和尚所發現，深受會津歷代藩主和武士們的喜愛，被譽為「奧羽三樂鄉」之一。沿著湯川兩岸建築的東山溫泉街，有種說不出的質樸古意。

Web

住宿推薦

東山溫泉原瀧

東山溫泉原瀧以握有獨自源泉為特色，露天風呂、觀景大浴池都能欣賞湯川景色和蓊鬱的林木，泡著溫泉聆聽瀑布聲，整日疲憊瞬間得到了排解。特別的是，夏天還提供以和牛燒烤為主的川床料理。

Map

Web

價格 一泊二食（川床料理方案）每人￥16,200起

Goal！

THEME 51

玩日本排行程超簡單 東卷

東京・關東・中部
北海道・東北

圖解43條行程規畫路線×
景點×交通×住宿×票券×美食全制霸

目錄

THEME 51

玩日本排行程超簡單 東

目錄

THEME 51

玩日本排行程超簡單 東卷

玩日本行程規畫術

你擔心的，由我們來告訴你～

> 我不會說日文，不可能
> 去日本自助啦！

身邊愈來愈多的朋友自助去日本玩，

總覺得羨慕，卻沒有勇氣踏出第一步嗎？

想要嘗試不被固定行程綁住，

完全能夠自由作主的旅遊形式嗎？

> 做功課好麻煩哦，
> 要從何開始？

我們了解你因未知而感到卻步，

在這裡，幫你一一點出行程安排的眉眉角角，

快跟著我們一起，

一步一步安排屬於自己的完美行程！

> 看那地鐵圖密密麻麻，
> 我害怕迷路耶……

我應該怎麼決定
這次旅行的範圍呢？
• • • • •

當要前往日本旅行時，要一口氣玩完全部知名景點，除了有錢更要有閒，
日本比你想像中的還要大、可以玩的東西很多很多！
當要開始安排行程時，最好先決定要玩哪一區域。

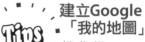

**建立Google
「我的地圖」**

搜集好
想去的景
點後，至Google
地圖將所有景點全
都點進去。這時各
景點在地圖上的方位便十分清楚。搞
懂想去景點相對位置，掌握方向感是
規畫行程的成功開始！

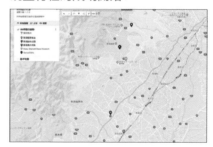

以單一城市為主

通常一開始會以單玩一個城市為主。
以東日本為例：
◎只玩東京，安排5天行程
◎只玩仙台，安排3天行程
◎只坑札幌，安排3天行程
◎只玩名古屋，安排3天行程

單一城市可再串聯近郊

有信心的人，可以單一城市再結合近郊景點。
以東日本為例：
◎東京3天+箱根2天
◎東京3天+鎌倉1天+河口湖1天
◎仙台3天+松島1天
◎札幌2天+小樽1天+定山溪1天
◎名古屋2天+高山2天+合掌村1天

進階者可串聯多個城市

需要帶著行李移動在多個城市之間，進出機場
與串聯交通都是要注意的。以東日本為例：
◎山梨2天+富士山1天+長野1天
◎東京3天+仙台2天
◎函館2天+青森2天+仙台1天
◎札幌3天+函館2天
◎名古屋2天+靜岡3天

玩一趟日本 大概要準備多少錢呢？

機票、住宿與一些景點門票，在出發之前心中應該已經有底了。一般來說，日本的食衣住行樣樣都貴，物價約是台灣的2~3倍，當然偶爾還是有撿便宜的時候。

大致物價上可以參考以下的數值：

> 吃東西可以抓
> 午餐￥1000
> 晚餐￥2000

Tips

玩東京好貴 要怎麼省？

《東京無料100》以體驗、展望台、博物館、市集、藝術等多個面向，介紹東京的100個免費景點，不妨照著書玩，把錢花在交通費與美食、購物上吧！

電子書

 食

麥當勞大麥克漢堡￥410
星巴客拿鐵小杯￥415
松屋牛丼並盛￥380
觀光區霜淇淋￥350起
一蘭拉麵￥890
咖啡廳蛋糕￥350~550
懷石料理￥5000~10000

 行

成田東京N'EX來回外人票價￥4070
東京搭電車1站￥140~180
東京23區內計程車起跳￥500
車站寄物櫃小型￥600/天

 **樂**

東京博物館門票￥1000
流行雜誌￥690~1000
看電影￥1000~1500
穿和服￥2900~10000

我要怎麼選擇住飯店還是旅館？

訂房時，決定因素不外乎是「價格！地點！交通！」交通、地點好的飯店一定搶手，價格也稍貴；若以價格為考量，則是愈早訂房愈便宜。一般來說，日本的住宿可分為以下幾種：

飯店 擁有優越的地理位置或環境，服務體貼、室內空間寬闊，以及完善的飯店設施，適合想在旅行時享受不同住宿氛圍、好好善待自己的旅客。

溫泉旅館 孕育自日本的溫泉文化，特色露天溫泉浴場、傳統與舒適兼備的和風空間，或是可在房內享用的懷石料理，住宿同時也能體驗日式文化的精華。

連鎖商務旅館 多為單人房和雙人房，乾淨的房間、衛浴、網路、簡單早餐，符合商務客和一般旅客需求。東橫inn、SUPER HOTEL和Dormy inn都是熱門選擇。

青年旅館 划算、簡單的住宿，也有套房或雙人房，但主要是宿舍式床位，衛浴公用，大多設有公用廚房、付費洗衣設備，還有交誼廳讓旅客聊天交換訊息。

民宿 民宿的主人、建築特色和當地料理，都是吸引人的特點。民宿房間通常不多，設備也較簡單，日式西式、單獨或共用衛浴都有。因為是私宅，大多都設有門禁。

膠囊旅館 膠囊旅館雖然只是個小空間，卻也有床、插頭、WIFI，衛浴共用，豪華一點的還有電視、保險箱。床位大多以拉簾遮蔽，擔心隱私與隔音效果的人不建議入住。

公寓式飯店 長住型飯店有著與旅館不同的氣氛，坪數寬廣，廚房、客廳、臥室等空間齊備，旅客可以度過悠閒時光，在此找到真正的生活感、休息與放鬆。

懶人看這裡就對了！

類型	飯店	溫泉旅館	連鎖商務旅館	青年旅館	民宿	膠囊旅館	公寓式飯店
背包客、省錢			◎	◎	◎	◎	
小資族、精打細算			◎		◎		
家族旅行、親子旅行	◎	◎			◎		◎
渡假、高品質	◎	◎					◎

Tips 訂房時被要求輸入姓名的平假名、片假名？

日本在訂票、訂房，常被人詬病的便是需要輸入姓名的平假名／片假名拼音。若是遇到這種網站，卻又不會日文的話，可以使用「Name變換君」app，只要輸入中文姓名，便會自動變換成日文拼音哦！

變換君

怎麼決定住宿地點?

主要還是要先確定「行程」再來安排為佳。以東京都心為例,若只考慮交通便利性的話,一般只要以飯店「距離主要車站的遠近」來判斷即可。若要串聯近郊行程的話,則可以參考:

東京迪士尼樂園
新宿有直達巴士,要搭JR京葉線的話**東京**是最便利的地點,稍偏一點還有**八丁堀**及**新木場**兩地。

鎌倉　江之島
搭JR從**東京**或**品川**轉車較便利。若搭小田急則住**新宿**。

日光
需從東武淺草搭乘東武日光線出發,不妨就住在**淺草**。

箱根
要從新宿坐小田急浪漫特快車,**新宿**附近最佳。

河口湖　富士
前往富士、河口湖的高速巴士或特急列車多從新宿出發,故**新宿**最佳。

輕井澤　長野
因為必須利用新幹線,當然是新幹線通過的**東京**、**上野**最佳。

不用擔心,住房問題我來解答!

Q 一般飯店房型有哪幾種

A

single/シングル/單人房:一張床
twin/ツイン/雙床房:兩張床
double/ダブル/雙人房:一張大床
triple/トリプル/三人房:可能是一大床、一小床或三張小床的組合
ladies floor/レディースフロア/女性專用樓層:只供女性入住

Q 我帶小孩一起出門,幾歲以下免費呢?

A

一般規定為入學年齡(6歲)以下的兒童免費,但還是以各旅館規定為準。

Q 日本需要放床頭小費嗎?大概多少?

A

服務費都已包含在住宿費裡,因此並不需要額外支付小費。

Q 一般飯店有供餐嗎?

A

大多數飯店設有餐廳,會提供餐點。但是否提供「免費」早餐,則不一定。有的時候房價便已經包含早餐,有時則是「素泊」並不包餐,訂房時要注意。

在日本搭電車好可怕？

第一次自己在日本搭電車？不用緊張，其實在日本搭電車就跟在台灣搭捷運、台鐵火車、高鐵一樣簡單。只要注意要搭的路線，了解各家私鐵、JR、地下鐵的差異，一切就解決啦！

> 把地下鐵當做捷運來想就對了！

JR東日本
由東京及近郊一路延伸至新潟、東北等地，範圍十分廣，所提供的PASS也十分實用，是玩東日本最常被使用的交通系統。

JR北海道
北海道廣域的主要交通系統。由於地廣人稀，離開城市後班次十分少，搭乘時需要確認時刻表。

JR東海
連接東京與京都的新幹線即由JR東海營運，範圍則從靜岡至名古屋一帶，雖不廣但卻佔十分重要的地理位置。

小田急電鐵
路線涵蓋東京都中西部，以及箱根所在的神奈川縣。

西武鐵道
多是東京都的近郊交通線，其中連接至秩父鐵道很是受鐵道迷歡迎。

東武鐵道
由東京市中心往北面行駛的路線，包括千葉、埼玉、栃木及群馬縣，特別是往日光、鬼怒川等。

京成電鐵
以東京上野為起迄點的交通系統，範圍含括千葉與都心。

京濱急行
連接東京及橫濱、神奈川線南部，以東京品川為最大的起迄點。

東京急行
通稱為東急，由東京都的澀谷至橫濱。

名古屋鐵道
名古屋地區最密集的交通路線網，範圍含括名古屋到中部國際空港。

Tips ① 普通車、特急、新幹線
除了地下鐵之外，JR與私鐵皆有依停靠站的多寡來劃分車種，一般來說，搭乘快車都需要再額外付「特急券」的費用，而這種情況下，還有可能分為指定席、自由席等，價格也會依距離、車廂而有所不同。而新幹線則是JR串聯全國的快速列車，像台灣的高鐵也是使用日本新幹線系統。通常在作長程旅行時才會搭乘，若只是在城市中則無需理會。

Tips ② Suica& PASMO
> 就像悠遊卡、一卡通一樣便利～

由JR東日本發行的Suica（西瓜卡）和東京地下鐵與私鐵系統發行的PASMO基本上已通用，現在還與全日本各地的交通卡Kitaca、TOICA、manaca、ICOCA、PiTaPa、SUGOCA、nimoca等整合，全國90%的交通系統皆可通用，是懶人的最佳乘車工具。

日本鐵道發達
坐火車好玩嗎？

日本熱愛鐵道的人十分多，發展出許多特殊的鐵道玩法，讓坐車不只是交通移動，更可以是行程中的一個亮點！東日本範圍有許多特殊列車，若時間剛好可以配合不妨前往搭乘。

SL大樹

來自北海道的 C11型蒸氣火車頭現今伴隨嘟嘟汽笛聲，大車輪規律地運轉，與軌道鏗鏗鏘鏘規律地震動，SL大樹號繼續負著時光前行。

©JR東日本

©JR東日本

TOHOKU EMOTION

TOHOKU EMOTION身負著復興東北地區的重要使命，大膽地將美食餐廳搬上列車，讓旅客一邊品嚐主廚精心設計的料理，一邊欣賞三陸風光。

POKEMON with YOU

寶可夢列車從從天花板、地面到椅套都是亮晃晃的皮卡丘們，總計超過一百隻的皮卡丘浩浩蕩蕩向氣仙沼前進，準備帶給孩子們滿滿歡樂。

SL銀河

岩手縣在1989年就曾經推出過蒸汽特別列車,卻因為營運問題在2001年停駛。東日本大地震後,為了振興震後的岩手縣,JR東日本盛岡分社在2014年修復了C58-239號牽引機蒸汽火車頭,重新改名為「SL銀河」回到鐵道上奔馳。

富士山景觀特急列車

外觀仿自モ1号,以茶紅烤漆塗裝,車內則以質地溫暖的原木鋪設,透過木窗欣賞富士山,景色像是嵌在畫框似的優美。

線上預約最確實

Tips　幾乎所有的觀光列車皆需要事先預約,如果待在日本時間長一些,可以在乘坐列車的三天前至車站窗口劃位購票,若是一抵達日本便要搭乘,則可透過網路訂票,或至台北代理旅行社預訂。

雪月花

「雪月花」以行動度假村概念的豪華賞景美食專車為概念,強調包括列車產製、車上餐食,到行駛路線等鐵道觀光元素,全都是新潟自產。

在日本**搭公車** 路線都好複雜？

主要有市區公車和長距離巴士兩種。在部分日本地區，使用公車可能比鐵路更為方便。另外還有長距離聯絡的高速巴士和夜間巴士，可以為精打細算的旅客省下不少旅費。

公車乘車 step by step

尋找站牌、上車
依照要前往的方向尋找正確站牌。

前方看板顯示下車站，對整理券號碼確認應付金額
電子看板會顯示即將抵達的車站。因為是按里程計費，因此另一張表格型的電子看板會隨著行車距離，有號碼和相對應的價格。

到站按鈴，從前門投幣下車
和台灣一樣，到站前按鈴就會停車。從駕駛旁的前門投幣下車，將整理券和零錢一起投入即可。如果沒有零錢也可以用兌幣機換好再投。

Tips ─ 搭公車不知道下車該付多少錢？
依距離計費的公車，在上車時都有抽取整理券的機器。整理券是用來對應區間、確認車資，如果沒有這張券的話，下車時就得付從發車站到下車站時的車資，所以建議上車時一定要記得抽取。

高速巴士、夜間巴士是坐車時付錢嗎？
高速巴士和夜間巴士需要購票後才能搭乘。雖然現場有空位的話還是可以買票後馬上坐，但因為沒有站票，若遇到連假或尖峰時間很可能會沒位可坐。所以推薦預先透過網路訂票，再到便利商店付款取票。若整個行程天數較多，在乘車日前幾天先繞去把票買好，就不用擔心當天沒有票可買。

我想要租車
得考慮什麼呢？

離開都會區，許多潛藏的優美景點卻沒有大眾交通工具可以到達，要盡覽迷人風光，開車旅行是最佳方式。但在異國開車心中總是不太踏實嗎？該注意的我們幫你整理在這裡：

先注意這些事

◎只玩東京都內、各大主要城市可避免租車
◎記得在台灣申請駕照譯本、並攜帶駕照正本
◎保全險是一定要的
◎事故擦撞一定要報警，保險才會理賠

日文譯本駕照

2007年9月開始，日本政府正式承認台灣駕照，只要持有本國駕照的日文譯本就可以在日本合法開車，輕鬆上路。
地點： 全台各地的監理站或監理所可辦
價格： 100元

緊急求助

很多路標下方會加設指示牌，顯示所在地內相關的道路情報中心的電話號碼。遇到緊急狀況，可致電給他們，或是租車公司、JAF的緊急救援電話尋求援助。
JAF道路服務救援專線
電話： 0570-00-8139

Tips ① 先查好景點 Map Code

日本租車時，利用車上的導航，除了輸入地點的地址、電話之外，亦可以輸入Map Code來進行設定。通常若是不會日文，建議可以事先查好Map Code，要輸入時才不會手忙腳亂。

Tips ② 休息站

開車時見到大大的「道の駅」指示，就知道休息站到了。日本的休息站與台灣的一樣，提供休憩空間及餐飲，其中有許多擁有美麗的視野，並販售當地知名的美食，開車經過時，不妨就進去小憩片刻。

Tips ③ 注意額外費用

人多共乘自駕，看起來好像很省錢，其實除了租車、保險的費用之外，加油費、停車費、快速道路過路費等都是一筆不小的花費，有時候還不如搭火車比較省錢又省力呢！

哪些景點適合參加
一日遊旅行團, 怎麼選擇?

若對郊區交通較無自信的人,也可以適當地穿插一些一日團體行程,將行程延伸至交通較麻煩的景點,同時也能保留都心的自由行程。以關東為例,通常會以都心為據點,參加前往東京近郊的行程。這類行程有包餐、不包餐,包門票、不包門票的區別,選購時可以多方比較。

推薦可以選擇的團體行地點:

富士山　河口湖

以美麗湖景與雄偉富士山美景著名,通常可以搭乘富士急行列車抵達,到了後再以公車串聯。怕麻煩的人當然選擇一日巴士行最方便,還可以搭配御殿場outlet或忍野八海等景點,看得更多。

那須高原

搭新幹線至那須鹽原後,所有交通皆需依靠巴士。由於巴士班次少,行程安排不靈活,想多看幾個點還是參加行程為佳。

箱根

從新宿搭乘小田急特快最方便,但由於箱根地區範圍大,若無特定想去的點,參加一日行程能看的較多且交通比自己排更順暢。

白神山地

深入山區的山林散步,由於一日行會附導遊,沿路講解會比較能了解狀況,且不用費心安排交通。

大內宿

日本三大茅草屋集落,由於巴士班次少,一旦錯過會很麻煩,參加行程會沿路安排其它景點,行程更豐富。

想參加團體行程,有建議的旅行社嗎?

HATO巴士

HATO巴士是東京歷史悠久、使用度最高的觀光巴士,提供完整豐富的都內及近郊行程選擇。近年也推出中英文的導覽行程,包括最受歡迎的淺草、東京晴空塔,以及箱根等都外行程。

KKDay、KLOOK等旅遊平台網

近年來興起的旅遊平台網,不只可以購買優惠票券,也販售不少東京出發的一日旅行團。這類行程大多以拼團的方式進行,但好處是導覽能以華語導覽,在解說行程與時間時能夠精確溝通,不怕雞同鴨講。

有什麼推薦的
體驗活動？

淺草愛和服

穿和服逛大街

要玩得不一樣的話，不妨換上和服、來場變身體驗。淺草是東京的必訪地點，自江戶時代興盛至今的淺草寺是最大亮點，仲見世通、人形燒、花屋敷遊樂園，隨處都是江戶下町風情，最適合穿和服遊逛。

東京巨蛋

野球觀戰

東京巨蛋是日本第一座巨蛋球場，是職棒巨人隊的主場，不但是棒球迷們心中的神聖殿堂，也經常用來舉辦大型演唱會。除了野球季時來這裡看球賽，還有野球殿堂博物館展示日本職棒聯盟的紀錄。

Tips 行程安排小提醒

·熱門點挑平日
熱門旅遊地若是遇上連假，不僅人潮更多，飯店也會漲價，尤其要避開日本黃金週及新年假期。

·確認休日
心中已有必訪景點、店家清單時，別忘了確定開放時間，以免撲空。

·決定備案
旅行途中因為天氣、交通而掃興的例子很多，不妨在排行程時多安排一些備案。

歌舞伎座

歌舞伎

東京的傳統戲劇中最為人所知的就是歌舞伎了，歌舞伎擁有400年歷史，與古典的能劇相較，較貼近庶民生活。想體驗歌舞伎，銀座的歌舞伎座絕不能錯過，這裡不僅全年都有演出，還有相關介紹設施，讓人輕鬆體驗歌舞伎獨特文化。

水上巴士

隅田川水上巴士

東京繁忙的陸上交通讓人神經緊繃，不如換個方式，利用隅田川的航運串聯行程，還可以欣賞水上風光！逛完淺草後，搭水上巴士直達台場，可以從不同角度感受晴空塔的高聳，欣賞岸邊的都會風貌。

國技館

大相撲

相撲是日本獨有的運動，要看相撲，那就是國技館了。每年固定舉辦的6次大相撲中，1月(初場所)、5月(夏場所)、9月(秋場所)都在此登場，這也是國技館最熱鬧的時刻，剛好在此時造訪東京的話，記得順道拜訪這處神聖殿堂。

可以開旅行必備品的清單給我嗎？

旅行中，每個人所需要的東西不太相同。除了一些較私人的物品之外，這裡列出一般人會需要的東西，以供參考：

證件

☐	護照／影本
☐	身份證
☐	駕照日文譯本
☐	駕照正本
☐	備用大頭照2張

行程相關

☐	外幣現鈔
☐	少許台幣現鈔
☐	電子機票
☐	預訂飯店資料
☐	預訂租車資料
☐	行程／地圖
☐	導覽書

電子產品

☐	手機充電線
☐	相機／記憶卡／電池
☐	行動電源
☐	筆電／平板

衣服配件

☐	上衣
☐	褲子
☐	備用球鞋
☐	襪子
☐	內衣褲
☐	外套
☐	圍巾
☐	泳衣
☐	帽子
☐	太陽眼鏡
☐	雨傘

清潔護膚用品

☐	洗臉用品
☐	牙刷／牙膏
☐	防曬乳
☐	化妝品
☐	毛巾
☐	梳子

常備雜物

☐	自己的藥
☐	腸胃藥
☐	蚊蟲咬傷用藥
☐	OK繃
☐	水壺
☐	小剪刀／水果刀
☐	面紙/濕紙巾

旅行中有什麼實用的APP？

現代人蒐集旅遊資訊，當然不能少了APP這一項，以下是到日本旅遊時實用的APP，建議大家事先安裝好，才可以隨時應變。

MOOK隨身玩世界

MOOK出版推出的旅遊APP，可自行選擇國家、地區查找豐富資訊，還能夠確認所在位置，十分便利。

tenki.jp

日本氣象協會推出的APP，天氣變化、櫻花、紅葉、下雪情報都在其中，是確認天氣不可或缺的超實用程式。

乘換案内

搭車、轉車時的好幫手。日本全鐵道系統皆支援。只要輸入出發站與目的站的日文名稱，便能提供多種交通選項，搭乘月台、車資等也都清楚標示。

NAVITIME for Japan Travel

針對外國旅客推出的旅遊APP，不僅有WIFI、寄物等服務資訊，也有文化介紹，最方便的要屬轉乘搜索功能，可以直接從地圖點選車站。

※此APP檔案較大且需要簡單設定，出發前記得先安裝好。

gurunabi

可以依網友評價來判斷餐廳、咖啡廳等是否值得前往，也能直接預約餐廳。不知道吃什麼的時候，也可以用來搜尋所在地附近美食。

EMot

便利的電子票券APP，可以直接在手機上購買諸如登山電車、纜車乘車券、各式通票，或是特急券等，搭乘時直接出示APP裡的票券就好，省下臨櫃購買實體票券的時間。也可以利用APP裡的定位功能搜尋附近有優惠的店家，或是查詢最適合的轉乘路徑，對日本旅行的交通有很大幫助。

東京排行程入門指南

東京

東京都內是最精華的旅遊地區,常聽見的新宿、澀谷、原宿、秋葉原、淺草、晴空塔、東京鐵塔、東京都行政中樞都廳等都在這23區內,時尚、美食、玩樂,所有新鮮話題都從這裡流行開來。

Q 到東京觀光要留幾天才夠?

A

如果想體驗東京的不同風貌,至少需要**3天2夜**。雖然只是玩東京,但東京各區的風情不同,算上乘車、轉車時間,要想體驗各區風情,就要規劃充足的逗留時間,建議**每天不要超過三個地區(車站)**,以免顧著轉換地點,反而無法盡興。

Q 天氣跟台灣差很多嗎?

A

東京屬太平洋側氣候,氣候較溫暖宜人。**春秋早晚溫差較大,夏季氣溫高偶有颱風**,6月下旬到7月中旬是梅雨季,**秋季天氣乾爽晴朗,冬季降雪較少**,不過平均氣溫還是有到10度以下,而室內暖氣極強,洋蔥式穿衣法是鐵則!

Q 什麼季節去最美?

A

五光十色的東京四季皆宜。如果想到新宿御苑、上野賞櫻,3月下旬到4月上旬最為適合,7、8月接連舉辦的祭典、煙火大會,則可以感受夏日風情,10月下旬楓葉開始轉紅,**若是對楓紅、銀杏有興趣,11月中旬到12月上旬最剛好。**

有了基本認識後,現在就來打造最適合自己的旅遊行程吧!

從機場要搭什麼車進入市區

成田→東京市區

JR成田特快列車N'EX
◎快速路線與價格指南
（註：如使用普通車廂指定座席，可於淡季期間享200日圓折扣、旺季期間需額外收費200日圓。）

路線名	目的地	時間	價格
成田特快列車N'EX	東京	約56分	¥3070
	品川	約64分	¥3250
	澀谷	約75分	¥3250
	新宿	約81分	¥3250
	橫濱	約110分	¥4370

京成電鐵sky liner
◎快速路線與價格指南

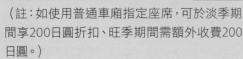

路線名	目的地	時間	價格
京成電鐵sky liner	日暮里	約50分	¥2570
	京成上野	約55分	¥2570

利木津巴士
◎快速路線與價格指南

一航站牌	二航站牌	往	由機場
10,11	16,17	新宿地區	約85~130分，¥3200
10	17	T-CAT(東京城市航空總站)	約60分，¥2800
12	15	羽田機場	約60~80分，¥3200
10	17	日比谷地區	約75~130分，¥3200
10	17	銀座地區	約75~130分，¥3200
10,11	16,17	赤坂·六本木地區	約90~120分，¥3200

AIRPORT BUS TYO-NRT
◎快速路線與價格指南

一航站牌	二航站牌	三航站牌	往	由機場
7	6	1,2	東京站日本橋口	約1小時，¥1300

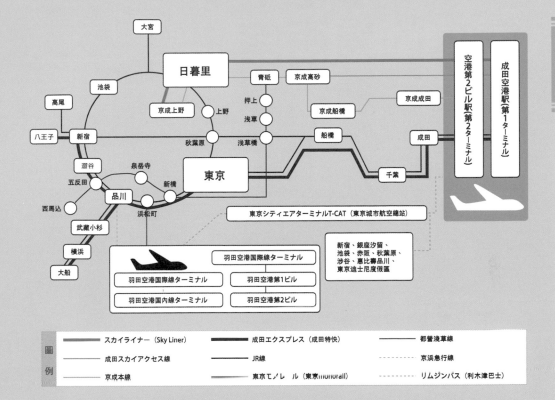

圖例

符號	名稱	符號	名稱	符號	名稱
	スカイライナー（Sky Liner）		成田エクスプレス（成田特快）		都營淺草線
	成田スカイアクセス線		JR線		京浜急行線
	京成本線		東京モノレール（東京monorail）		リムジンバス（利木津巴士）

羽田→東京市區

東京單軌電車(東京monorail)
◎快速路線與價格指南

路線名	目的地	時間	價格
東京單軌電車	濱松町	最快14分	￥500

京急電鐵
◎快速路線與價格指南

路線名	目的地	時間	價格
京急電鐵	品川	最快13分	￥300
	押上*	40分	￥570

*與都營淺草線直通運行

利木津巴士
◎快速路線與價格指南

路線名	往	時間	價格
利木津巴士	T-CAT(東京城市航空總站)	約45~60分	￥900
	澀谷區	約55分	￥1100
	新宿地區	約60分	￥1300
	池袋地區	約75分	￥1300
	台場	約20分	￥700
	東京迪士尼樂園度假區	約60分	￥1000

懶人看這裡就對了！

	利木津巴士	AIRPORT BUS TYO-NRT	地鐵普通車	直達列車	計程車
行李又多又重	○	△	△	△	○
只要便宜就好	△	○	○	△	×
只要輕鬆就好	△	△	×	△	○
沒時間，要快點	△	△	×	○	△

○=適合 △=還可以 ×=不適合

東京的東西南北
馬上看懂

埼玉縣

東京都

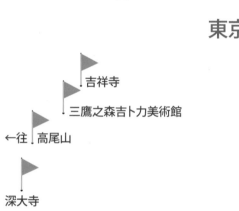

吉祥寺

三鷹之森吉卜力美術館

←往 高尾山

深大寺

JR山手線

池袋

谷中銀座商店街

上野

淺草

秋葉原

新宿

東京車站・銀座

明治神宮

六本木

東京鐵塔

渋谷

豐洲市場

台場

神奈川縣

羽田機場

→往✈成田機場

晴空塔

千葉縣

我要住哪一區最方便？

東京站、日本橋：
匯集各交通系統的主要門戶，飯店房價頗高，站內商業設施很好逛，周邊也多是百貨，夜晚除居酒屋外沒什麼地方可逛。

新宿：
藥妝及電器都營業到深夜，不怕沒地方逛，轉乘方便但車站結構複雜，房價也頗高。歌舞伎町一帶近年治安雖有改善，還是須多加注意。

澀谷：
澀谷熱鬧程度與新宿不相上下，房價屬中高價位。鐵道系統匯集以外，周邊各大百貨、藥妝零售聚集，想大肆購物的話很適合住這裡。

池袋：
池袋開發較早，百貨雖不如新宿新潮，飯店卻便宜許多。建議選擇東、西口，生活機能較佳，北口一帶為風化區，治安有些疑慮。

上野：
上野可利用京成電鐵直達成田機場，離淺草及晴空塔也很近，缺點是南側的阿美橫町商家較早休息，夜晚沒有太多地方可逛。

淺草、藏前：
屬於東京下町，物價及房價都比較便宜，還有不少特色民宿。通往鬧區需要轉車，但地鐵、JR路線都有經過，也算方便。

要搭車前先搞懂東京交通圖

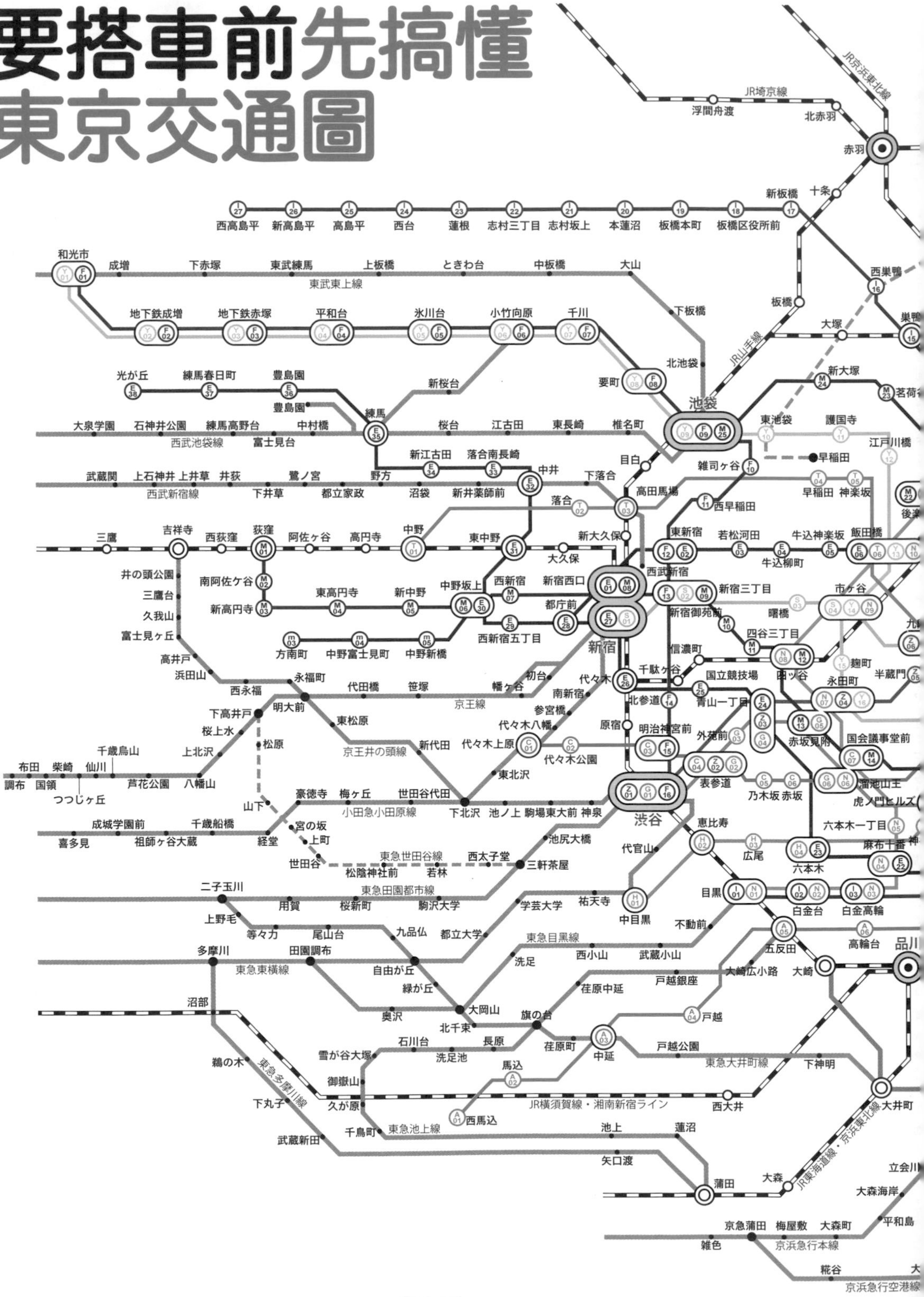

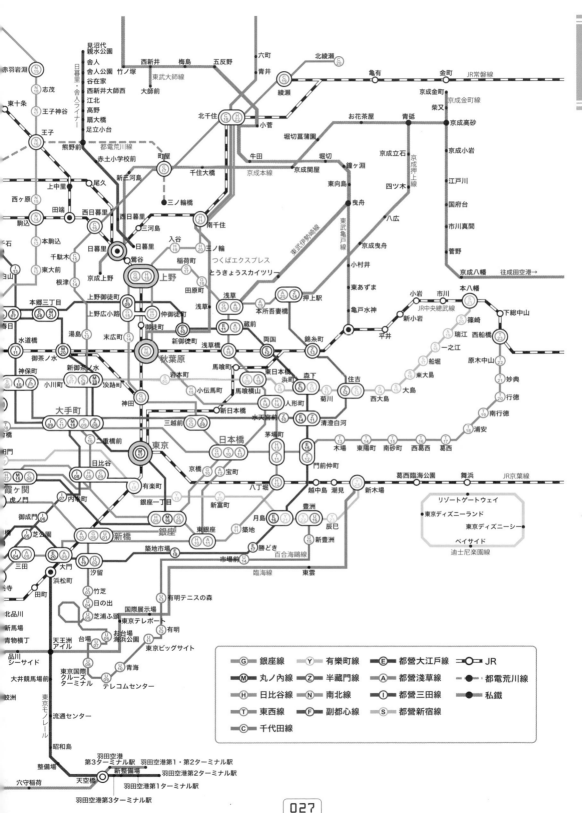

赤羽岩淵　志茂

東十条

西ヶ原　上中里　尾久

駒込　田端

本駒込　西日暮里

千駄木　日暮里

東大前　京成上野

根津　上野

見沼代親水公園

舎人　舎人公園　谷在家

西新井大師西　江北　高野

扇大橋　足立小台

日暮里・舎人ライナー

熊野前　都電荒川線

赤土小学校前

新三河島　町屋

千住大橋

三ノ輪橋

三河島

南千住

入谷　三ノ輪

稲荷町　鶯谷

上野　田原町　浅草

西新井　梅島　五反野

六町　青井

竹ノ塚　大師前

東武大師線

北千住　小菅

牛田　堀切

京成関屋

京成本線

北綾瀬　亀有　金町　JR常磐線

綾瀬

京成金町　柴又　京成金町線

お花茶屋　青砥　京成高砂

堀切菖蒲園

京成立石　京成小岩

東向島　鐘ヶ淵　四ツ木

曳舟　八広

京成押上線

江戸川　国府台

市川真間　菅野

京成曳舟　京成八幡　往成田空港→

小村井

小岩　市川　八本幡

JR中央総武線

新小岩　下総中山

篠崎

瑞江　西船橋

一之江　原木中山

船堀　妙典

東大島　行徳

大島　南行徳

西大島　浦安

つくばエクスプレス

とうきょうスカイツリー

押上駅

本所吾妻橋

亀戸水神

平井

住吉

菊川

西大島

木場　東陽町　南砂町　西葛西　葛西

本郷三丁目　湯島　仲御徒町

上野御徒町　御徒町

上野広小路　末広町

水道橋　御茶ノ水　新御茶ノ水

神保町　小川町　淡路町

岩本町

大手町

三越前　新日本橋

馬喰町

小伝馬町　馬喰横山

人形町

東日本橋

浜町　森下　清澄白河

茅場町

日本橋

東京　京橋　宝町

日比谷　有楽町

銀座一丁目

新富町

銀座　東銀座　築地

新橋

築地市場

市場前

汐留

竹芝

日の出

芝浦ふ頭

お台場海浜公園

東京テレポート

有明

ゆりかもめ線

豊洲

辰巳

新豊洲

勝どき

月島

百合海鴎線

八丁堀　越中島　潮見　新木場

葛西臨海公園　舞浜　JR京葉線

リゾートゲートウェイ

東京ディズニーランド

東京ディズニーシー

ベイサイド

迪士尼楽園線

臨海線

東雲

三田　大門　浜松町

御成門　芝公園

霞ヶ関　虎ノ門　内幸町

神谷町

田町　北品川

新馬場　青物横丁

品川シーサイド

天王洲アイル

大井競馬場前

鮫洲

東京モノレール

流通センター

昭和島

有明テニスの森

国際展示場

台場

青海

テレコムセンター

東京国際クルーズターミナル

東京ビッグサイト

羽田空港第3ターミナル駅

羽田空港第1・第2ターミナル駅

整備場　新整備場

穴守稲荷　天空橋

羽田空港第2ターミナル駅

羽田空港第1ターミナル駅

羽田空港第3ターミナル駅

	G 銀座線	Y 有楽町線	E 都営大江戸線	JR
	M 丸ノ内線	Z 半蔵門線	A 都営浅草線	都電荒川線
	H 日比谷線	N 南北線	I 都営三田線	私鐵
	T 東西線	F 副都心線	S 都営新宿線	
	C 千代田線			

有什麼優惠車票適合我？

	東京環游通票／東京一日券 TOKYO FREE KIPPU	東京都市地區周遊券 Tokunai Pass	都營一日通票 Toei 1Day Pass
使用區間	東京23個區內的JR普通列車(含普通及快速,僅限普通車廂自由座) 東京Metro地下鐵全線 日暮里舍人線 都營地下鐵全線 都電荒川線 都營巴士	東京23個區內的JR普通列車(含普通及快速,僅限普通車廂自由座)	**都營地下鐵全線:** 淺草線、三田線、新宿線、大江戶線 **都電荒川線** **都營巴士**(含多摩地區)
價格	¥1600	¥760	¥700
有效時間	1日	1日	1日(使用至翌日凌晨4時)
使用需知	・為磁卡票券,刷票走一般閘口即可。 ・指定區間外,或是超出指定區間時需另外付費。 ・販券機只售當日使用的票券 ・**預售票:**可提前一個月至JR窗口購買票券,至指定日時再使用。購入後可免費更換一次指定日期。		・為磁卡票券,刷票走一般閘口即可。 ・販券機只售當日使用的票券 ・**預售票:**至各大車站窗口購買,購入日起6個月內之任一日有效。 ・搭乘當日只要於沿線合作設施出示票券,即可獲得各種優惠。
售票處	東京都心各大JR車站的「指定席售票機」、「多功能售票機」、「自動售票機」、JR EAST Travel Service Center。 東京Metro、日暮里舍人線、都營地下鐵各大車站售票處。	東京都心各大JR車站的「指定席售票機」、「多功能售票機」、「自動售票機」、JR EAST Travel Service Center。	都營地下鐵售票處(押上、目黑、白金台、白金高輪、新宿除外)、都營巴士營業所、各站自動售票機、都電荒川線車內、都營巴士車內。
Qrcode			
購買身分	無限制	無限制	無限制

*註:兒童票(6-11歲)為半價

Metro都營地下鐵共通一日乘車券 Common One-day Ticket for Tokyo Metro & Toei Subway	東京地下鐵24h~72h Tokyo Subway Ticket (24h ~ 72h)	東京Metro地鐵24小時車票 Tokyo Metro 24-hour Ticket
都營地下鐵全線： 淺草線、三田線、新宿線、大江戶線 東京Metro地下鐵全線：銀座線、丸之內線、日比谷線、東西線、千代田線、有樂町線、半藏門線、南北線、副都心線		東京Metro地下鐵全線：銀座線、丸之內線、日比谷線、東西線、千代田線、有樂町線、半藏門線、南北線、副都心線
¥900	24h ¥800　48h ¥1200 72h ¥1500	¥600
日	首次插卡使用後連續24h、48h、72h	首次插卡使用後連續24h
• 為磁卡票券，刷票走一般閘口即可。 • 販券機只售當日使用的票券 • 預售票：至各大車站窗口購買，購入日起6個月內之任一日有效。 • 搭乘當日只要於沿線合作設施出示票券，即可獲得各種優惠。	• 為磁卡票券，刷票走一般閘口即可。 • 搭乘當日只要於沿線合作設施出示票券，即可獲得各種優惠。	• 為磁卡票券，刷票走一般閘口即可。 • 販券機只售當日使用的票券 • 預售票：至各大車站窗口購買，購入日起6個月內之任一日有效。 • 搭乘當日只要於沿線合作設施出示票券，即可獲得各種優惠。
東京Metro售票處（中野、西船橋、澁谷除外）、都營地下鐵售票處（押上、目黑、白金台、白金高輪、新宿除外）、東京Metro與都營地下鐵各站的自動售票機。	羽田機場國際線觀光情報中心、成田機場京成巴士售票櫃台、東京都內的Metro旅客服務中心、東京都內的飯店、BIC CAMERA等也有售票。	東京Metro售票處（中野、西船橋、澁谷除外）、東京Metro各站的自動售票機。
無限制	非日本籍旅客，購買需出示護照。	無限制

東京下町穿梭古今一日行程

雷門 淺草寺 晴空塔 上野 阿美横丁

淺草一帶是最具江戶風情的東京觀光地，也是許多外國人來到東京的必訪之處。晴空塔自從落成以來，毫無疑問已經是造訪東京的NO.1！安排一日行程，下午來到上野，三大精華地區一日就能跑透透。

早
09:00 浅草駅
09:10 仲見世通
09:30 淺草寺
大黑家／午餐

午
淺草文化觀光中心
13:15 晴空塔
晴空塔展望台
TOKYO Solamachi
Konica Minolta Planetarium天空

晚
17:30 阿美横丁
やきとり文楽／晚餐
20:00 上野駅

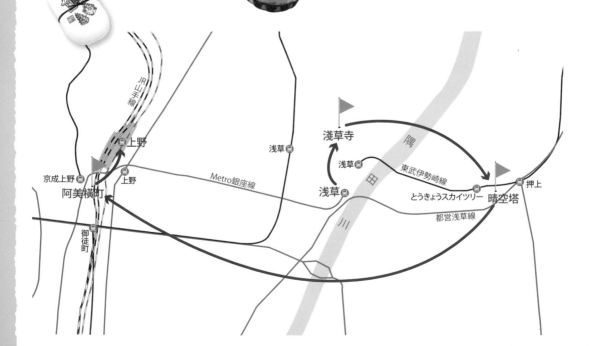

三大區域串聯 初訪東京黃金行程

要走很多路，挑雙好走的鞋吧～

Point!

用走路也可以串聯三大區！從淺草步行至晴空塔、上野都大概半小時左右，不趕時間的話用雙腳感受下町魅力吧！

Start!

09:00

淺草駅
Metro銀座線

雷門是必打卡的拍照景點！

步行 **1**分

銀座線淺草駅1出口，穿過雷門即是

09:10

┌ 淺草
仲見世通

Map

雷門算是淺草寺的入口地標，穿過雷門後，沿著長長的仲見世通。兩側聚滿了商家，有許多有趣的小玩意，充滿江戶時代的工藝品與和菓子等，是淺草最熱鬧的街道，邊走邊吃最是盡興。

Web

沿仲見世通一直朝本堂步行

步行 **10**分

木村家本店的人形燒是必嚐名物。

【時間】店家營業時間約從9點陸續開始

┌ 淺草
淺草寺

Map

09:30

相傳千年前有兩位漁夫在隅田川中撈起了一尊黃金觀世音菩薩像，地方官土師中知認為是菩薩顯靈，於是就建了座小小的廟堂虔心地供奉。後來淺草觀音寺漸漸成為了武將和文人的信仰中心，成為了江戶時期最熱鬧的繁華區，直到現在依然香火鼎盛。

Web

【時間】自由參觀　【價格】免費

往回走至傳法院通右轉即達

步行 5分

在傳法院通可欣賞
江戶傳統風情

11:00

│淺草

大黑家

Map

Web

大黑家天婦羅是淺草百年
老店，從本店兩層樓古樸
的和式建築外觀，不難感受出它
的歷史。招牌是「海老天丼」，蝦子
又大又新鮮，用精純芳香的胡麻
油酥炸盛在飯上後，再淋上特製
獨門醬汁，那股香濃的美味勁兒讓
人齒頰留香。

走回仲見世通，在雷門對面即是。

步行 15分

時間 11:00~20:30，週末例假日~21:00
價格 天丼￥1700起

│淺草

12:20

淺草文化觀光中心

淺草雷門對面的和風摩登
大樓，是由名設計師隈研
吾操刀，不僅1樓設有多國語
言的觀光資訊中心，也能換
錢與購票；2樓還有免費觀
光情報書籍，也可以無線上
網。8樓的展望台與咖啡廳還
可以欣賞淺草市街與晴空塔
的美妙風景。

途中別忘了到吾妻橋
邊，可遠眺晴空塔～

往淺草松屋方向走，2樓即是東武車站

步行 5分

淺草駅
東武伊勢崎線

13:00 ￥150

Map

Web

時間 9:00~20:00，8F咖啡廳
10:00~20:00 價格 觀光諮詢、
展望台免費，咖啡廳：紅茶
￥530

搭電車 3分

搭乘東武伊勢崎線，一站就到。

東京
晴空塔駅
東武伊勢崎線

13:15

出站後至晴空塔4樓，
由正面入口進入。

步行 5分

│晴空塔

13:30

晴空塔展望台

Map

Web

成為東京地標的晴空塔，
展望台分為二層，第一展望台
「天望Deck」高350M，有展望
咖啡以及夜景餐廳。第二展望台
「天望回廊」高450M，有繞塔一
周的360度空中迴廊，能在天空下
感受零距離的魄力景致。

晴空塔商店裡有許多晴空塔限定商
品，晴空妹妹SORAKARA超可愛，
小玩偶必收藏。

時間 展望台10:00~21:00(最後入場天望Deck
20:00，天望回廊20:30)
價格 當日票(無指定時間)：第一展望台「天望Deck」
大人平日￥2100、假日￥2300。第二展望台「天望回
廊」需加購票券，大人平日￥1000、假日￥1100。

5樓為展望台出口，出來後即可逛街。

步行 **1**分

14:45

晴空塔

TOKYO Solamachi

包含晴空塔展望台、樓面7層的大型商場TOKYO Solamachi，囊括美食街、餐廳、在地銘菓，好逛又好吃，還有許多限定商品等著你。另外也包括押上至東京晴空塔之間約3.69公頃綠地、廣場和沿河步道，區域廣闊，想要全部逛完，可得花上半天以上。

位在Solamachi West Yard 7F

步行 **1**分

時間 購物10:00~21:00，餐廳11:00~23:00

晴空塔

Konica Minolta Planetarium天空

16:00

在城市裡仰望滿天星斗不是夢！結合最新立體音響、投影裝置與舒適座椅，Konica Minolta Planetarium天空在東京打造了夢幻的奇蹟星空劇場。強調漆黑夜空中繁亮的星，配合動人的音樂與劇情，每天輪番上演2至3個劇目，讓人心動。

¥220

搭巴士 **25**分

搭乘Skytree Shuttle
上野淺草線至上野駅下車

時間 平日10:30~22:00，週末例假日9:30~22:00
價格 Planetarium作品一般席¥1,500

上野

阿美橫丁

17:30

走進熱鬧非凡的阿美橫丁商店街，馬上被店家的吆喝聲團團包圍，交織出元氣十足的東京面貌。藥妝品、電器，來這裡採買就對了！

時間 約5:00~23:00，依店家而異

步行 **2**分

從入口直行至高架橋下左轉即達

上野

やきとり文楽

19:00

阿美橫町高架橋下有多家平民美食可選，やきとり文樂賣的就是最大眾化的烤雞肉串，便宜的價格加上無敵的燒烤香氣，總吸引許多上班族一下班就來報到。

往回走即為車站

步行 **5**分

20:00

上野駅
Metro銀座線·JR山手線

時間 14:00~23:00、週六12:00~22:00、週日11:00~22:00、例假日12:00~21:00 價格 烤雞串¥320/2支，生啤酒¥480

Goal！

都市裡的森林
時尚購物路線

明治神宮　表參道　忠犬八公
流行購物　百貨

明治神宮雄偉的鳥居、神社吸引目光以外，廣大的內苑更是原宿一帶的重要綠地，是散步呼吸的好去處。而附近時尚度爆表，有表參道、竹下通、裏原宿、青山，全部連在一起逛到腿痠都逛不完啊～

早
08:30 原宿駅
08:40 明治神宮
10:00 竹下通
　　　　裏原宿

午
12:00 表參道
　　　　東急Plaza
　　　　表參道hills
14:00 南青山
　　　　蔦珈啡店
　　　　岡本太郎紀念館

晚
16:50 渋谷
　　　　澀谷Hikarie／晚餐
　　　　忠犬八公像
19:00 渋谷駅

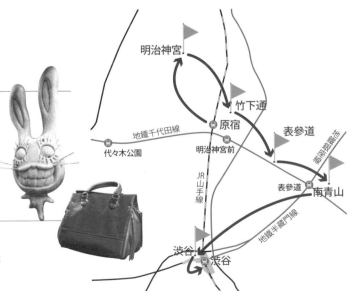

澀谷區必訪重點行程
景點購物美食一次滿足
Start!

用走路串聯行程，省下交通費！

Point!

原宿與表參道、澀谷十分接近，可看可逛的景點集中，百貨、咖啡廳、餐廳眾多，就算不按照行程走，隨處亂晃也很精彩！

08:30

🚃 原宿駅
JR山手線

小巧精緻的車站建於大正時期，至今已經超過100個年頭。

步行 **1**分

原宿站表參道口出來轉過神宮橋即達入口鳥居

08:40

明治神宮

Map

Web

明治神宮是為了供奉明治天皇和昭憲皇太后所建，2020年迎來百年歷史。占地約73萬平方公尺，內有本殿、寶物殿、神樂殿等莊嚴的建築，御苑裡古木參天、清幽自然，是東京都內難得的僻靜之處。

時間 約5:00~17:00(每月依據日出日落時間調整)

步行 **3**分

在神宮橋往原宿站走至竹下通口即達

10:00

竹下通

Map

Web

可麗餅是竹下通的特色美食！

竹下通感覺就像是台北的西門町，消費價格也較為便宜，只要是當下最流行的，無論是吃的、穿的、買的，正常的、搞怪的、創意的來這裡找準沒錯。

時間 店家營業時間約10:00~20:00

步行 **10**分

沿竹下通一直朝明治通逛完後，即是原宿一帶

11:00

裏原宿

Map

藏在原宿裡的這條小徑，也許鋒芒沒有像擠滿世界名牌的表參道那般耀眼，在這條稱為「Cat street」(貓街)的裏原宿，卻是東京年輕人眼中最能發掘自我的天地。

時間 店家營業時間約11:00~20:00

往回走至明治通與表參道
交叉路口即達

步行 5分

看到各式鏡面組成宛
如萬花筒般夢幻的地
方，就到了！

12:00

東急PLAZA 表參道原宿

以「只有這裡才有(ここでし
か)」「因為是這裡(ここだか
ら)」為中心概念，引進首次登陸
日本的新鮮品牌，也邀請受歡迎的
品牌在此以不同的型態出店，總
計超過25間流行服飾、配件與生
活雜貨店舖。

Map

Web

時間 11:00~20:00，6~7F餐飲
8:30~22:00

順著表參道走即達

步行 2分

12:40

表參道Hills

表參道Hills是表參道最受
注目的購物中心，自從落成以
來人潮在平日就像落成前的周末假
日般擁擠，呈現螺旋狀緩坡設計
的內部空間裡，有許多首次登陸
日本的時尚名店及新形態的獨創品
牌。

Map

Web

時間 購物、咖啡11:00~21:00、週日~20:00，餐
廳~23:00、週日~22:00(點餐至打烊前1小時)

沿表參道至青山通右轉，
經過Epice Aoyama左轉進巷子即是

步行 10分

14:00

蔦珈琲店

這裡原本是設計日本武道
館的建築師山田守的住家，現在
改建成古典高雅的咖啡廳，大片落
地窗將庭院的綠意盎然引入室
內，帶給人一段沉穩寧靜的下午
茶時光。

Map

時間 10:00~20:00，週末例假日
12:00~20:00 休日 週一 價格 咖啡￥700

回到青山通，右轉至骨董通直行即達

步行 6分

南青山

岡本太郎紀念館

14:45

Map

Web

岡本太郎為日本極知名的現代藝術家，其豐沛的創作風格影響現代藝術甚鉅。紀念館本來是他生前居住和工作的地方，館外的廣場上就擺著數個造型特異、活潑趣味的雕塑，值得好好觀賞。

時間 10:00~18:00(入館~17:30) **休日** 週二(遇假日開館)，12/28~1/4，檢修日 **價格** 大人￥650，小學生￥300

順著青山通往澀谷方向，在宮益坂下左轉即達

步行 20分

渋谷

澀谷Hikarie

16:50

Map

Web

Hikarie是辦公大樓與購物中心結合的複合式設施，最受注目的當屬ShinQs了。地下三層，地面五層，總共八層樓的ShinQs購物商場，結合了美食、美容、時尚。

時間 購物及各種服務11:00~21:00，餐廳6、7、11F 11:00~23:00

8F的d47食堂以日本47都道府縣的「食」為主題，晚餐就在這裡享用吧！

沿著宮益坂至澀谷站後左轉

步行 2分

渋谷

忠犬八公像

18:30

Map

忠犬八公是澀谷更是東京最著名的狗銅像，據說原本小八是由一位東大教授所飼養的秋田犬，每天傍晚都會去車站迎接主人回家，甚至教授過世後仍然風雨無阻天天到車站前等主人，直到病亡。

時間 自由參觀

往回走即為車站

步行 1分

🚃 渋谷駅
Metro地下鐵·JR·東急東橫線·京王井之頭線

19:00

Goal！

大江戶線
玩東京鐵塔與周邊

築地市場　壽司　東京鐵塔　設計　六本木

紅色的東京鐵塔不僅對日本人來說是東京的代名詞，對國外旅客來講，更是東京行不可缺少的一站。充滿歷史的地區，由庶民經濟與新興造鎮共同支撐著脈動，一日行程就沿著大江戶線，一路玩下去吧！

早
08:00 築地市場駅
08:10 築地場外市場
　　　　 築地喜代村壽司三昧
10:30 增上寺
11:00 東京鐵塔

午
13:00 東京中城
　　　　 21_21 DESIGN SIGHT
15:30 六本木Hills
　　　　 朝日電視台

晚
　　　　 Tokyo City Views
19:00 六本木駅

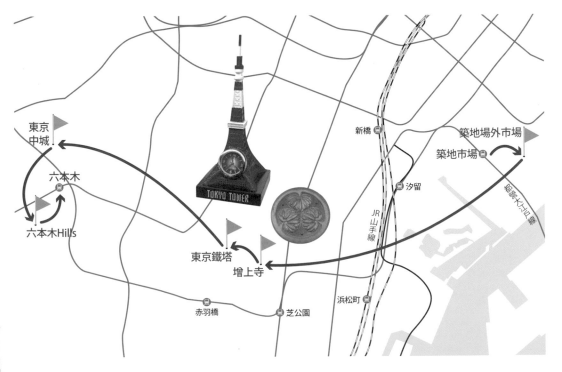

深入在地，探訪東京人的休日生活

雖搭地鐵移動，但也要走不少路。

Point!

串聯港區多個重要景點，早餐就到築地市場品嚐美味海鮮，觀光就登上東京鐵塔，城區的大商場更是逛街購物的最佳去處！

Start！

08:00
🚃 築地市場駅
大江戶線

步行 **2分**
築地市場駅A1出口沿新大橋通直行即達場外市場

築地場外市場

08:10

Map

Web

場外市場由450多家連在一起的狹小店舖所組成，入口在晴海通與新大橋通的交叉路口，主要販賣做料理用的道具、醃漬品、乾貨等食材，還有生魚片、鰻魚燒、海鮮蓋飯等小吃店。

時間 6:00～約14:00 **休日** 週日例假日，週三不定休

雖然市場遷走但許多美食店家仍留下。

步行 **1分**

08:30

¥180
搭電車 **15分**

沿新大橋通回到築地市場駅，再搭大江戶線至大門駅

築地喜代村 壽司三昧

築地

Map

Web

位於場外市場的壽司三昧本店，是日本第一家24小時的壽司店。壽司三昧為了打破過往壽司店給人的高價神秘印象，以明亮的大扇櫥窗和清楚標示的合理價格，吸引客人安心上門。

時間 24小時 **價格** 握壽司單點¥107起，本鮪の大とろ¥547

10:00
🚃 大門駅
大江戶線

步行 **10分**
大門駅A6出口出站直走，即達三解脫門

增上寺

Map

Web

10:30

三解脫門逃過廢佛運動保留下來，留存江戶時代風華

增上寺代表的是江戶時代德川幕府的輝煌歷史，德川家康大軍每逢戰役告捷，一定花大錢整修，數年累積下來，增上寺佔地20萬坪成為關東地區宣揚佛教的中心。

時間 本堂6:00～17:30，安國殿9:00～17:00

由增上寺右邊小徑向
東京タワー通走即達

步行 5分

11:00

東京鐵塔

東京鐵塔不但是東京的象徵，也是眾多日劇或電影裡的經典場景。位於塔上150公尺的大展望台與250公尺的特別展望台，具有360度觀景視野，為俯瞰東京市容的絕佳地點。

時間 展望台9:00~22:30(入場至22:00) 價格 大展望台大人￥1200，高中生￥1000，中小學生￥700，4歲以上小孩￥500

向南走至赤羽橋駅

步行 10分

 赤羽橋駅 大江戶線

12:40 ￥180

往都廳前往面的車，第3站即達

搭電車 3分

 六本木駅 大江戶線

12:50

六本木駅7出口即達

步行 3分

六本木

13:00

東京中城

由日本不動產龍頭三井建立了城中之城「東京中城」，其絕妙的空間構成，散發出來的是「和」的自然韻律，現代摩登與和風之美的精湛揉合，成為商業、住宅、藝術、設計的樞紐重鎮。

時間 商店11:00~20:00，餐廳11:00~23:00(依店舖而異) 休日 依店舖而異

位於東京中城花園內

步行 3分

六本木

21_21 DESIGN SIGHT

14:30

這裡的展覽內容以設計為主，延續三宅一生享譽國際使用「一塊布」的日本和服美學意識，使用一塊鐵板如折紙般折下作為屋頂，百分之八十的空間埋在地底下，不破壞周邊自然景觀，與大自然共存共生。

時間 10:00~19:00(入館~18:30) 休日 週二，年末年始，換展期間 價格 大人￥1,200，大學生￥800，高中生￥500，國中生以下免費

建築空間由當代日本建築大師安藤忠雄及服裝設計師三宅一生共同創作。

六本木森塔前的裝置藝術Maman。

穿過東京中城，往六本木駅方向走。

步行 11分

15:30

六本木

六本木Hills

六本木Hills以54樓超高層摩天樓為中心，呈圓幅狀展開的複合式建築裡，雲集購物、美食、電影院、日式花園、電視台、展望觀景台、商務中心、高級公寓，以及世界一流的頂級飯店。

[時間] 11:00~21:00(餐廳~23:00)

位在六本木hills戶外

六本木

朝日電視台

朝日電視台是許多知名節目及人氣日劇的推手，來這裡不僅可以在入口處旁的商店購買周邊商品，在現代感十足的挑高大廳內，還有許多讓人興奮的日劇海報及《哆啦A夢》中大雄的房間可拍照合影。

[時間] 9:30~20:30，賣店10:00~19:00
[價格] 免費參觀

步行 1分

16:30

步行 3分

六本木森塔52F

若事先利用網路購買預售門票，大人只要¥2000。

17:30

六本木

TOKYO CITY VIEW

海拔250m的高處，透過高達11公尺的落地窗，東京全景以360度絢麗之姿在腳下無限延伸。面對著東京鐵塔方向，日落時分東京鐵塔綻放出璀璨光芒，景色之美掀起眾人的陣陣驚嘆。

[時間] 10:00~22:00(入館~21:00)，Sky Deck 11:00~20:00(入館~19:30) [價格] 大人¥2200

往回走即為車站

步行 1分

19:00

六本木駅
大江戶線

Goal!

上野公園感受
日本藝術與文化的脈絡！

東博　上野公園　動物園
谷根千　老街　御宅族

不管大人小孩，上野公園一帶絕對能滿足各種旅行需求。境內綠意滿點，大小博物館、咖啡廳、動物園錯落，悠閒的城市公園散步就在這裡！尤其東京博物館的五大展館、境內設施，11萬件亞洲美術展示品，讓人大飽眼福。

早
08:00 上野駅
08:10 **上野恩賜公園**
　　　東京博物館
　　　カヤバ珈琲

午
13:00 **谷中銀座**
　　　冰蜜堂
15:00 **秋葉原**
　　　2k540 AKI-OKA ARTISAN

晚
　　　mAAch ecute 神田万世橋
　　　@home café
20:00 秋葉原駅

谷中銀座商店街
日暮里
上野恩賜公園
上野
JR山手線
秋葉原
秋葉原

區域雖大但景點相近，一路走走逛逛也不覺累！

晴空綠意、藝術、文化、自然，多元面向讓人滿足

Start！

Point！ 從上野公園可以用步行串聯谷根千，半天走下來其實也挺累。還好沿路咖啡廳、餐廳很多，累了就休息一下吧！

進入公園會看到西鄉隆盛的青銅雕塑。

08:00

上野駅
JR山手線

步行 **3**分　上野駅不忍口出來即是公園南側入口

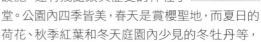

08:10

↓上野
上野恩賜公園

上野恩賜公園是東京都內最大的公園，除了有各種藝文設施，還有幾處頗具歷史的神社小堂。公園內四季皆美，春天是賞櫻聖地，而夏日的荷花、秋季紅葉和冬天庭園內少見的冬牡丹等，都讓公園更添風情。

時間 24小時開放，各景點設施時間不一

步行 **10**分　順著公園向北走，經過大噴水池後即達

公園裡也有咖啡廳，累了可以坐下來休息。

10:00

↓上野
東京國立博物館

有本館、東洋館、表慶館、平成館與法隆寺寶物館等5個分館的東京國立博物館是日本歷史最悠久的博物館。館藏以日本為中心，收藏東亞諸地的文化財，讓一般大眾都能親近歷史美術作品。

時間 9:30～17:00
休日 週一，年末年始，不定休

出東博後右轉直行，在上野櫻木
交差點轉向言問通

步行 6分

上野

12:00

カヤバ珈琲

Map

Web

位在谷中與上野界隈之上的力ヤバ珈琲，從外觀看來是棟古樸的日式兩層樓建築，建議可以點份招牌的雞蛋三明治，溫熱的烤吐司夾著厚實鬆軟的炒蛋，一口咬下香嫩滑口，經典老味道當屬這一味。

時間 8:00~18:00，週末8:00~19:00　**休日** 週一　**價格** たまごサンド(雞蛋三明治)¥1000

往觀音寺築地塀方向走，
至夕陽段段後左轉即達。

步行 10分

最能代表谷根千的
非「貓」莫屬！

13:00

谷中銀座

Map

Web

谷中銀座是一條富有活力的古老商店街，感覺起來像台灣鄉下的廟口小街。小巧又精緻的店家毗鄰而立，除了蔬果店、麵包店、生活雜貨、便宜衣服、木屐鞋襪等民生用品之外，還有許多很有意思的特色小店，平凡中帶有老街獨有的氛圍。

時間 約10:00~19:00(依店舖而異)

やなかしっぽや以貓咪
尾巴作為發想，是專屬
下町的人氣甜點！

下夕陽段段後第一個
路口左轉

步行 1分

谷中銀座

13:30

氷蜜堂

Map

Web

谷中ひみつ堂門前總是有長長人龍，想吃上一碗，光是排隊等候的時間就要1~5小時！店內Menu分為夏季與冬季兩種，夏天只提供刨冰，但冬天除了刨冰外也提供自家製焗烤料理。

走回夕陽段段後繼續直行，
即達日暮里駅西口

步行 7分

日暮里駅
JR山手線、京濱東北線

14:45

¥140

山手線外回第四站即達。

搭電車 6分

15:00

御徒町駅
JR山手線、京濱東北線

時間 10:00~18:00，8月無休　**休日** 週一，11月~6月休週二(營業時間可能臨時變更，建議去之前先查看官方Twitter!)　**價格** 招牌草莓牛奶冰¥1400

沿著高架向南走即達

步行 10分

15:10

2k540 AKI-OKA ARTISAN

位在秋葉原駅(Akihabara)
與御徒町駅(Okachimachi)
高架橋下，所在地御徒町再過去
是職人匯聚之地，許多傳統工藝作
坊至今依舊運轉。現在則有許多
手藝創作工作室，好玩小店集結
在此讓人流連忘返。

Map

Web

【時間】空間開放10:00~20:30，店舖
11:00~19:00 【休日】週三，一部分店舖不一

看到高架橋
就到了！

順著高架橋向南走至秋葉原駅，
再穿過萬世橋即達。

步行 12分

秋葉原

17:00

mAAch ecute 神田万世橋

位在舊萬世橋站原址上的
購物中心mAAch ecute每
間店沒有明顯界線，而是由拱門
隔開，選進的店舖皆在地方上小有
名氣。雖然轉變為商場，還是能
見到萬世橋車站遺跡。

Map

Web

【時間】商店11：00~20：00；餐飲
11：00~23：00(週日、例假日~21：00)；
1912階梯‧1935階梯‧2013月台11：00~22：00(週
日、假日~20:30)

1912階梯可是1912年
萬世橋車站開業時保
存至今的百年古蹟。

往回走過萬世橋，在左手邊的
ミツワ大樓的3~7樓。

步行 5分

秋葉原

18:30

@home café

秋葉原老字號女僕咖啡
廳，可愛的女僕會親切地
為您端上飲料、倒奶精，或者在
蛋包飯上用番茄醬畫上可愛的貓咪
圖案。氣氛十分歡樂，語言不
通也沒有問題。

Map

Web

過馬路即為車站

步行 1分

【時間】11:00~22:00，週末、例假
日10:00~22:00 【休日】不定休

秋葉原駅
JR線‧Metro日比谷線‧
筑波特快

20:00

【價格】餐點加上入場費用大約￥1,400起
【注意】店內不可拍攝女僕

Goal！

乘著百合海鷗號
玩遊台場新鮮事！

台場　豐州市場　美食
科學館巡禮　鋼彈　浪漫夜景

一早先到繼承築地精神，肩負擔當東京水產物流心臟的新市場滿足口腹之慾！接著繼續前往台場，在各大百貨之間穿梭，不只有逛有買，許多有趣的景點設施更是值得停下腳步來慢慢賞遊。

早
08:00 市場前駅
08:10 豐洲市場
　　　岩佐壽司
10:10 日本科學未來館
11:30 船的科學館

午
13:40 富士電視台
　　　DECKS Tokyo Beach

晚
16:30 Diver City Tokyo Plaza
19:30 AQUA CITY
22:00 台場駅

前進臨海副都心　逛一天都不膩！

室內展覽館眾多，想買想吃想玩，大人小孩都瘋狂

玩台場不用怕天氣不好！由於眾多景點皆以室內為主，遇到陰雨天一樣很盡興！甚至可以成為雨天備案！

Start！

08:00

市場前駅
百合海鷗號

豐洲市場三棟批發市場及車站間以空中廊道串聯，讓旅客完全不受天候影響。

出站後順著天橋標示走便會抵達

步行 **2**分

08:10

豐洲市場

Map

2018年10月，築地市場正式遷移至豐洲，「日本的廚房」、「東京人的胃囊」之名也隨之交棒。市場分成三大棟建築，分別是：「海鮮批發大樓」、「海鮮仲介批發大樓」以及「蔬果批發大樓」。除了享用美食外，當然就是從室內參觀通道隔著玻璃、居高往下觀看整個交易過程。6街區這棟有吃有買，如果時間有限，建議手刀先衝這裡就對了！

Web

時間 參觀通道5:00~17:00，餐飲店與商店的營業時間依店家而異　休日 週日、國定假日及休市日(休市日請上網查看)

水產仲卸売場棟3F

步行 **3**分

08:30

岩佐壽司

Map

在幾乎只有櫃台座位的眾多店家中，岩佐還有雙人座位，讓店內顯得更加舒適寬敞。尤其對於觀光客來說，有著親切的女將老闆娘的服務，也讓人緊張感放鬆不少呢。選坐櫃台座位，欣賞老師傅熟練的捏製壽司技藝，也是品嘗握壽司的一種特別享受。

Web

時間 6:00~15:00　休日 同市場　價格 ちらし丼¥3,300，握壽司(7貫+紫菜捲) ¥3,520起

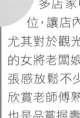

¥260

搭電車
8分

回市場前駅搭乘開向新橋
的百合海鷗號

青海駅
百合海鷗號

09:50

向左沿著青海·有明南連絡線直行，過了シンボ
ルプロムナード公園後左轉，直行後右手邊即是

步行
12分

10:10

日本科學未來館

由太空人毛利衛擔任館
長，日本科學未來館展示
地球環境、宇宙等最先端的技
術，館內高掛著一個巨大的地
球顯示儀，可以顯示地球上
目前的大氣氣象、地表溫度
等。也展示在日本引起話題的
機器人「ASIMO」，它不但會走
路說話，還能用日文回答你的問題。

`時間` 10:00~17:00(入館~16:30) `休日` 週二，
12/28~1/1 `價格` 成人¥630，18歲以下¥210，星
期六18歲以下免費入場

從博物館出來向左轉，沿著指標
往東京国際クルーズターミナル
駅前進，左邊即是

步行
7分

11:30

船的科學館

船的科學館於1974年完工，
特殊的郵輪型建築，遠看彷
彿一艘大船停泊港口，近看更是
壯觀。2011年起，因為建物老化，
關閉本館的展示。即便如此，今
天來到船的科學館，依舊有
不少可看之處。如改建自原
本賣店的迷你展覽以日本海權、船體結構等
為中心，有簡單的展示。

`時間` 10:30~16:00 `休日` 週一，12/28~1/3
`價格` 免費

¥190

搭電車
5分

回東京国際クルーズターミナル駅
搭乘開向新橋的百合海鷗號

台場駅
百合海鷗號

13:30

台場駅南出口向右前方直行即達

步行
4分

富士電視台

13:40

來到富士電視台除了可以一圓電視夢，還可
以親身體驗電視節目的藍幕效果。電視台
主要參觀區可分為1樓劇場大廳、5樓美妙
街道、7樓樓頂庭園、24樓鬧
鐘天空，以及25樓球體瞭望台，
若有時間不妨至瞭望台遠眺風景。

`時間` 10:00~18:00(依設施而異)，最
終入場時間~17:30 `休日` 週一(遇
假日順延) `價格` 免費參觀；球體
展望室「はちたま」大人¥700、中
小學生¥450

在台場也看得到按照
法國巴黎等比例打造
的自由女神像。

由富士電視台東北角過馬路即達

步行 4分

15:00

DECKS Tokyo Beach

DECKS結合海島商場、濱海商場、東京JOYPOLIS三大購物中心,以休閒為主題,有許多趣味小店。商場內除了台場少不了的觀海餐廳,還加入新鮮的特色來吸引遊客注意,例如台場一丁目、杜莎夫人蠟像館、LEGOLAND等,皆很精彩。

時間 店舖11:00~20:00(假日~21:00),飲食店11:00~23:00

從青海縱貫線爬上天橋後左轉即達

步行 5分

獨角獸鋼彈立像,以1:1實物大小正式在台場亮相!

©創通・サンライズ

16:30

DiverCity Tokyo Plaza

DiverCity Tokyo Plaza內有超過150間店進駐,集結海外知名品牌、國內休閒品牌之外,匯集13家美味餐飲的美食區也是一大焦點,容納約700個座位的規模傲視全台場,晚餐就順道在這裡解決吧。

時間 商店11:00~20:00,假日10:00~21:00,美食廣場11:00~21:00,餐廳11:00~22:00,假日10:00~22:00

沿著天橋往回走,經過富士電視台後左手邊即是

步行 9分

19:30

AQUA CITY

集合約50間餐廳、70家商店的大型購物中心。AQUA CITY面臨台場海濱公園,擁有最佳的視野,尤其華燈初上時,也可以在這選家海景餐廳享用晚餐,欣賞壯闊的景色,或是到旁邊的夢之大橋走走,享受最浪漫的一夜。如果還有體力,也可以趁著夜色到台場海濱公園與彩虹公園逛逛,近距離欣賞彩虹橋與自由女神像的雄偉,在春夏的夜晚吹著徐徐涼風,格外愜意。

面向富士電視台往右走即為車站

步行 5分

台場駅
百合海鷗號

22:00

時間 商店11:00~21:00,餐廳11:00~23:00(美食廣場21:00止) 休日 不定休

Goal !

鬼太郎與宮崎駿動畫
一日朝聖行

鬼太郎　宮崎駿　吉卜力
井之頭公園　夜景　吉祥寺

對喜歡東京的五光十色，明快節奏的人來說，調布與三鷹、吉祥寺也許算是十足的鄉下地方。但是其豐富的人文歷史，放鬆的步調同時也是吸引許多生活在東京的都會人士來此觀光的主因。

早	08:00 新宿駅
	09:00 **深大寺**
	鬼太郎茶屋

午	11:30 三鷹吉卜力美術館
	14:00 **井之頭公園**
	いせや 公園店
	口琴橫丁

| 晚 | 19:30 東京都廳展望台 |
| | 20:30 新宿駅 |

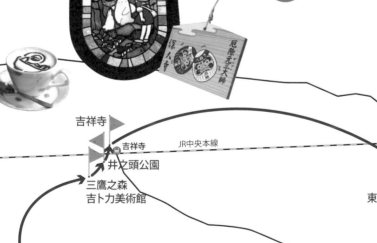

遠離都心五光十色
休閒踏青的不二選擇

鬼太郎與吉卜力眾多角色，萌萌的～

Start！

Point！ 從新宿搭京王線出門至調布後，再用公車串聯調布與三鷹最是方便！晚上回都心再搭JR中央線即能快速抵達新宿。

08:00 新宿駅 京王線
¥250
搭電車 23分　搭乘京王線準特急

深大寺水車館。

08:30 調布駅 京王線
¥210
搭巴士 15分　調布駅北口搭乘吉14／調35巴士
至「深大寺小学校」站再步行2分

09:00

調布
深大寺

Map

Web

深大寺是天台宗別格本山的佛教寺院，山號為浮岳山。而名稱的由來，竟是跟著唐三藏去西大取經的沙悟淨「深沙大王」！深大寺於天平5年(733)時創建，是東京地區僅次於淺草寺的第二古剎。因後來遭遇火災，所以現在看到的本堂是大正年間再造之建物。

時間 自由參拜

沿路在屋簷、旁邊的樹上也都暗藏玄機，令人莞爾一笑。

步行 1分　沿深大寺參道走即達

調布
鬼太郎茶屋

Map

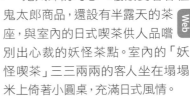
Web

10:00

茶屋建物本身有60多年的歷史，除了可以感受處處充滿鬼太郎的巧思，1樓販賣著各種鬼太郎商品，還設有半露天的茶座，與室內的日式喫茶供人品嚐別出心裁的妖怪茶點。室內的「妖怪喫茶」三三兩兩的客人坐在塌塌米上倚著小圓桌，充滿日式風情。

時間 10:00~17:00　**休日** 週一，遇例假日隔日休
價格 目玉おやじの栗ぜんざい(眼球老爹栗子紅豆湯)¥600

回到「深大寺小学校」站搭乘吉14巴士，
至「明星学園入口」站下車再步行2分

¥210
搭巴士
25分

路上有可愛的
龍貓指標。

11:30 三鷹之森 吉卜力美術館

三鷹

 Map
 Web

吉卜力美術館是由在全球擁有相當高知名度的動畫大師宮崎駿所策劃，館內以各動畫角色來解釋動畫的創作原理，亦收集展示吉卜力工作室作品。來到空中花園，「天空之城」的機器人就從動畫世界現身，矗立在屋頂。另外千萬不可錯過在可容納80人的小戲院裡，觀賞吉卜力工作室原創的短篇動畫！

時間 吉卜力美術館採取預約制，平日10:00~17:00、夏季特別期間~18:00、假日~19:00 **休日** 週二，換展期間，年末年始 **價格** 成人、大學生¥1,000，國中、高中生¥700，小學生¥400，4歲以上幼兒¥100

順著吉祥寺通朝吉祥寺方向走，
過了萬助橋即進入公園境內

步行
10分

14:00 井之頭恩賜公園

吉祥寺

 Map
 Web

原是皇家公園的井之頭恩賜公園，以中央的湖池為核心，周邊植滿約兩萬多棵的樹木，隨著四季更迭而呈現出不同的美景。喜歡湊湊熱鬧，不妨嘗試租一艘遊湖腳踏船，學日本人在櫻花垂落的岸邊湖面上賞花，近看悠游湖中的肥美鯉魚。

時間 自由入園 **價格** 天鵝船每30分鐘¥800，手搖船每30分鐘¥500

順著公園跨過七井橋朝吉祥寺站方向走

經過七井橋可以拍攝美麗湖景。

步行 5分

15:00

吉祥寺

いせや 公園店

いせや在吉祥寺開店已經超過90年，料理美味，氣氛隨性。點些下酒菜配上溫熱燒酎或是暢快啤酒，就是充滿日式居酒屋風情的愉快味覺體驗。

Map

時間 12:00~22:00　**休日** 週一
價格 焼き鳥(烤雞串)一串¥100

步行 8分

朝吉祥寺站方向走，至北口即達

16:30

口琴橫丁

Map

入口位在平和通上的口琴橫丁是充滿古早味的商店街，店家成排聚集，就像口琴一格一格的細密吹口而得名。美味羊羹名店「小ざさ」、炸肉餅「SATOU」都在這裡。
時間 店舖約10:00~19:00(依設施而異)

步行 1分

過和平通即達吉祥寺站北口

18:30
¥220

🚃 **吉祥寺駅**　JR中央線

搭電車 20分

2月台搭乘JR中央線各停列車

19:00

🚃 **新宿駅**　JR中央線

小ざさ的最中。

步行 12分

新宿站西口出站，順著地下鐵直行即達

新宿

19:30

東京都廳展望台

Map

想要免費欣賞東京夜景，就一定要來一趟202公尺高的東京都廳展望室。東京都廳不但開放位於45樓的南、北兩處展望室，還規劃了專用電梯和引導人員，展望室中還附設咖啡輕食和紀念品商店，滿足了旅行者可能的需求。

Web

往回走即為車站

步行 12分

20:30

🚃 **新宿駅**
JR線·京王線·小田急線·Metro大江戶·丸之內線

時間 南展望室9:30~22:00(最後入場21:30)、北展望室9:30~17:30　**休日** 南展望室每月第一、三個週二，北展望室每月第二、四個週一　**備註** 北展望室現因疫情緣故暫時休室，也可能因為疫情與天候的關係暫停開放。

Goal !

東京車站出發 周邊散步一日遊

東京駅　皇居　銀座
百貨　和風洋食　精品下午茶

皇居原為江戶城，扼守東京的中央位置，而東京站就位在皇居東側。遊逛東京站時，除了車站本體與地下精彩的商店街之外，還有丸之內一帶的百貨群、皇居內參觀見學等，下午再至熱鬧的銀座有樂町，一同串聯讓行程更加豐富。

早
08:30 大手町駅
09:00 皇居東御苑
10:00 皇居
12:00 東京駅丸之內口

午
KITTE／午餐
三菱一號館美術館
15:30 銀座
Pierre Marcolini
GINZA SIX
煉瓦亭／晚餐

晚
20:00 有樂町
21:00 有樂町駅

文藝復興風格建築 交織東京新舊風景

了解日本近代歷史的深度旅遊

Point!

全程可以徒步串聯，參觀皇居、在各景點間移動都需要大量行走，好走的鞋很重要！夏天則要記得帶帽子，做好防曬措施。

Start！

08:30 大手町駅 Metro東西線

大手町駅C13b出口即是

步行 1分

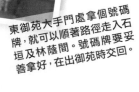

東御苑大手門處拿個號碼牌，就可以順著路徑走入石垣及林蔭間。號碼牌要妥善拿好，在出御苑時交回。

東京駅

09:00 **皇居東御苑**

Map

皇居是以前的江戶城，東御苑內也留有不少城跡，像是曾建有天守閣的天守台，現在只剩平台；另外像是大手門、平川門、富士見櫓、江戶城本丸御殿前的檢查哨「百人番所」與隨處可見的石垣等，每一角落都充滿歷史風情。

Web

步行 5分

從大手門沿著內堀通向南走至桔梗門

時間 3/1~4/14、9月 9:00~17:00、4/15~8/31~18:00、10月~16:30、11/1~2月底~16:00 **休日** 週一、週五、天皇誕生日、12/28~1/3

東京駅

當天可事先前往取號碼券。

10:00 **皇居**

Map

在東京都的中心，有著一大片綠意被高樓群層層圍繞，這裡便是日本精神象徵「天皇」的住所。近年來宮內廳開放皇居的一部份區域給事先上網申請、或是當天前往取號碼券的人參觀，讓民眾得以一探天皇的神秘住所。整段導覽約75分鐘，全程2.2公里，一路地勢平緩走來並不累，算是輕鬆的小散步。

Web

時間 10:00、13:30兩時段，可上網預約或參觀時間一小時前於現場取得該時段的號碼券 **休日** 週日、例假日、7/21~8/31的下午場、12/28~1/4 **價格** 免費

從桔梗門出來後跨過內堀
通向東走即達

步行 10分

丸之內北口有個JR東日本遊客服務中心,票券與觀光情報都在這裡!

12:00

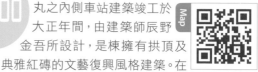
東京駅

東京駅丸之內口

丸之內側車站建築竣工於大正年間,由建築師辰野金吾所設計,是棟擁有拱頂及典雅紅磚的文藝復興風格建築。在丸之內南口、北口的圓頂天花板,設計著浮雕裝飾,各種模樣皆有其深刻寓意,其中代表八個方位的生肖更是為人津津樂道。

Map

時間 自由參觀

丸之內南口對面即是

步行 2分

12:30

東京駅

KITTE

KITTE,改建自舊東京中央郵局,名稱取自「郵票」(切手)與「來」(来て)的日文發音,雪白外牆內是寬闊的中空三角形空間,從地下1樓到地上6樓的7個樓層間進駐近百間店舖,日光從上頭傾瀉而下,開闊的空間充滿放鬆感。

Map
Web

6樓屋上庭園是眺望東京車站的絕佳地點。

時間 購物11:00~21:00,週日例假日~20:00;餐廳及咖啡廳11:00~23:00,週日例假日~22:00

出KITTE右轉直走

步行 6分

14:00

東京駅

三菱一號館美術館

三菱一號館美術館是依據1894年時,由英國設計師所繪、豎立於原基地的三菱事務所設計圖,經過詳細考證後所重建而成。建築的2、3樓做為美術館的展覽空間使用,1樓則有建築本身的歷史資料室、利用原本銀行接待大廳空間、開放感十足的咖啡1894以及博物館商店。

Map
Web

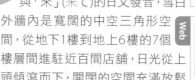

時間 10:00~18:00,週五、第2個週三、展覽最終週平日(例假日除外)10:00~21:00

休日 週一(遇假日順延),年末年始,換展期間

繼續往南走，經過有樂町站後向
銀座方向至四五番街通即達

步行 15分

每到週末銀座便成為
「步行者天國」！

15:30

銀座

Pierre Marcolini

比利時巧克力大師Pierre Marcolini的同名巧克力專賣店，每到假日總能見到排隊的人潮。不論是外帶單顆巧克力或是進到樓上座席，嚐看看店內限定的巧克力聖代，都令人感受到巧克力帶給人的滿滿幸福滋味。

[時間] 商店11:00~20:00，週日例假日、咖啡廳11:00~19:00 [價格] 盒裝巧克力(6入)¥2,494，招牌巧克力聖代(MARCOLINI CHOCOLATE PARFAIT)¥1,980

走回御幸通至中央通右轉

步行 3分

16:30

銀座

GINZA SIX

GINZA SIX號稱是全東京都心最豪華的百貨公司，在繁華銀座裡擁有241家駐店品牌，其中121間為日本旗艦店。公共空間由設計紐約現代美術館的名建築師谷口吉生操刀，再加上Teamlab設計的LED瀑布牆，引爆話題。

[時間] 10:30~20:30、美食商場11:00~23:00

途中經過和光本館，美麗鐘樓是銀座象徵。

步行 5分

煉瓦亭

明治28年(1895年)開業的洋食屋「煉瓦亭」，是銀座餐廳中最有名的一家，創業於1895年的煉瓦亭，是蛋包飯、牛肉燴飯等和風洋食的創始店，也是蛋包飯迷必來朝聖的店家。

[時間] 午餐11:15~14:30，晚餐16:40~20:30 [價格] 元祖オムライス(元祖蛋包飯)¥2,400

18:00

出GINZA SIX後沿中央通往北走，至和光本館轉入銀座ガス灯通。

步行 5分

從銀座ガス灯通接マロニエ通，向西直行即達。

20:00

有樂町

有樂町街是東京上班族最喜愛的居酒屋區之一，除了離辦公大樓近，平價也是受歡迎的一大因素。夜晚造訪此地，會看到拘謹的東京上班族在黃湯下肚後熱情鼓噪及輕鬆聊天的活力，感覺就像台灣的熱炒店。

往前走即為車站

步行 3分

21:00

有楽町駅
JR山手線

Goal !

東京郊山健行朝聖一日遊

高尾山　天狗　健行　精進料理　極樂湯　紅葉

高尾山位於東京八王子市內，標高599公尺，被喻為神聖宗教之境，離都心只要一個小時的車程，而位在山腰的藥王院是高尾山的精神象徵，不只楓紅迷人，美麗四季景色也成為東京近郊最受歡迎的一日遊觀光名所。

早
08:59 高尾山口
09:10 TAKAO 599 Museum
10:30 高尾山猴園／野草園

午
11:30 高尾山藥王院
　　　大本坊 精進料理
　　　Trick Art Museum
16:00 極樂湯

晚
17:30 うかい鳥山
20:08 高尾山口駅

京王高尾線
極樂湯
高尾山口
高尾山纜車
猴園　高尾山　清瀧
TAKAO 599 MUSEUM
藥王院
鳥山

稍稍遠離都心，便可以感受到全然不同的神聖氣氛。

高尾山日歸 宗教溫泉美食療癒之旅

Point!

搭乘京王電鐵十分方便，使用京王電鐵的「高尾山折扣乘車券」從新宿出發¥1390，包含來回車票與上下山的纜車來回票，等於車資直接打8折！

Start!

08:01 ¥390
新宿駅 京王線

京王新宿站3月台搭乘開往高尾山口的準特急列車

搭電車 **55**分

購買來回票券分為4張，每張都在不同時候使用。

08:59
高尾山口駅 京王線

高尾山口站步行

步行 **5**分

09:10

TAKAO 599 Museum

高尾山標高599公尺並不算高，具有深厚人文與豐富的動植物生態。極簡空間中展示高尾山上的棲息生物，最有趣的是NATURE WALL上以山毛櫸為中心，在四周綴上森林動物標本，定時的光雕投影秀帶出高尾山的四季之美。

Map

Web

¥490
搭纜車 **15**分

搭乘高尾山纜車，在登山纜車口步行至藥王院的途中即達。

時間 4~11月8:00~17:00，12~3月8:00~16:00

搭乘高尾山纜車或是吊椅，不用爬山好輕鬆～

10:30

高尾山猴園／野草園

園內分為兩區，一區是高尾山上生長的300多種各式植物，四季折衷風景宜人，另一區則是大人小孩都喜歡的猴園。半開放式的猴園讓人更能夠親近猴子們，飼育人員在猴園內與猴子們的互動逗得遊客哈哈大笑。

Map

Web

時間 3~4月10:00~16:30，5~11月9:30~16:30，12~2月9:30~16:00 價格 ¥430，兒童¥210

沿著登山道步行

步行 15分

沿路雖是上坡但茶屋不少，累了就停下來休息。

11:30

高尾山藥王院

Map

高尾山自古便是修道的靈山聖地，本尊飯繩大權現是不動明王的化身，藉由兇惡的表相來勸導世人向善；人們亦將對自然的崇敬化為天狗意象，寺前兩尊天狗更成為這裡的象徵，同時也是不動明王的隨護，傳說更具有開運除厄的能力。

Web

時間 自由參拜

穿過藥王院即達

步行 1分

12:30

大本坊 精進料理

Map

藥王院境內「大本坊」只提供午餐時段的精進料理，僧人修行時必須清淨口慾，由純素簡樸的粥品、燉煮山菜等料理演變而來的精進料理，是僧人的待客之禮，亦是日本懷石料理的原型。來到高尾山，絕對不能錯過不使用肉、魚等葷食、只以當地季節山蔬烹調的美味素食料理。

Web

電話 042-661-1115　價格 天狗膳￥2900，高尾膳￥3900　備註 需事先電話預約

￥490

走回纜車站坐纜車下山即達

搭纜車 15分

14:30

Trick Art Museum

Map

明明是一幅畫，但因為角度、陰影的關係，讓畫中人物像是立體實物走出畫框般不可思議，這正是Trick Art的魅力所在。高尾山Trick Art Museum於1996年開幕至今，吸引不少人前來參觀，館中分為兩層樓，樓下以迷宮方式讓人在Trick Art的世界中穿梭。

Web

時間 10:00~18:00　休日 週四　價格 ￥1400

位在高尾山口站後 　步行 1分

16:00 **極樂湯**

在高尾山走了一天，下山後泡個溫泉多舒服！由地下1000公尺湧出的溫泉呈現淡白色，又有美肌之湯的稱號，玩完高尾山，不妨先預留一個小時，來到這裡洗浴一身疲勞，再繼續下一趟旅程。

時間 8:00~22:45　價格 ￥1000

於高尾山口站前搭乘接駁巴士，10:00~20:00約每20分一班車　搭巴士 10分

17:30 **うかい鳥山**

原本鳥山專賣雞肉料理，因顧客希望也能品嚐牛肉的美味，而在雞肉套餐中加入牛排，讓人能一次品嚐兩種美味。其中，套餐前菜的核桃豆腐經過燒烤而形成外硬內柔嫩的奇妙口感，嚐來新鮮有趣；肉類則以「囲炉裏」的炭火烤得表皮香脆、肉嫩多汁，不但吃得出食材的新鮮，更能嚐到料理手法的純熟。

時間 11:30~15:00,17:00~21:30、週末例假日11:00~21:00　休日 週二、年末年始

搭乘往高尾山口站的接駁車　搭巴士 10分

20:08 ￥390
高尾山口駅 京王線

搭乘京王高尾線快速列車至「北野」換乘往新宿的列車　搭電車 57分

21:05
新宿駅 京王線

Goal !

關東排行程
入門指南

群馬縣
栃木縣
埼玉縣
東京都
神奈川縣
茨城縣
千葉縣

關東地區涵蓋東京都在內的7個都縣，耳熟能詳的橫濱、湘南海岸、箱根、草津溫泉、東京迪士尼樂園、日光東照宮等都在這裡，溫泉、滑雪、風景名勝、美食各種願望都能滿足，是東京近郊旅行的好選擇。

Q
**我到關東觀光
要留幾天才夠？**

A

關東幅員廣大，至少需要5天4夜。新手建議**以東京為主，延伸1、2個近郊區域**。東京有許多直達近郊景點的大眾運輸工具，適合作為中繼站安排各種日歸、一泊二日旅行。基本上**每一地區至少要安排一天以上的時間，才能玩得盡興**。

Q
**天氣跟台灣
差很多嗎？**

A

關東各地氣候多半與東京差異不大，都屬四季分明且溫暖宜人的海洋性氣候，但**冬季平均氣溫多半會在10度以下**，春秋早晚溫差較大。位在**內陸地區的群馬和栃木，冬季多降雪**，雪上活動興盛，埼玉則乾燥少雨，大致上**內陸區域春秋早晚溫差會更大**，需多加留意。

Q
**什麼季節去
最美？**

A

想看足利花卉公園的紫藤花、秩父的芝櫻花海，**4月中旬至5月中旬**最為合適，7、8月煙火大會接連上演，早秋的9月則可以欣賞常陸海濱公園的**紅色掃帚草波浪**。10月下旬楓葉轉紅，長瀞、日光都是著名的賞楓勝地，冬季推薦到那須高原滑雪泡湯，**秩父的冰柱祭**也不容錯過。

有了基本認識後，現在就來打造最適合自己的旅遊行程吧！

從機場要搭什麼車進入市區

成田→關東各區

JR成田特快列車N'EX
◎快速路線與價格指南

(註：如使用普通車廂指定座席，可於淡季期間享200日圓折扣、旺季期間需額外收費200日圓。)

路線名	目的地	時間	價格
成田特快列車N'EX	千葉	約40分	￥1970
	橫濱	約95分	￥4370
	大船	約110分	￥4700

利木津巴士
◎快速路線與價格指南

一航站牌	二航站牌	往	由機場
12	15	Y-CAT(橫濱城市航空總站)	約100~130分，￥3700
10	17	東京迪士尼度假區	約55~95分，￥1900

其他公司巴士

路線名	目的地	時間	價格
京成巴士	Y-CAT(橫濱城市航空總站)	約2小時	￥3700
	池袋站西口	約2小時	￥1900
千葉交通	日光站	3小時50分	￥4800
	東京灣PRANA三井花園酒店	1小時30分	￥1900
	宇都宮站西口	2小時20分	￥4300

※運行時間視道路情況而調整。

羽田→關東各區
京濱急行巴士

路線名	目的地	時間	價格
京濱急行巴士	川崎站	約45分	¥280
	橫濱站(YCAT)	約35分	¥590
	東京迪士尼度假區	約35分	¥1000
	山下公園、港區未來21、紅磚倉庫	約1小時	¥750
	大船站、藤澤站、鎌倉站	約1小時~1小時30分	¥1270~1400
	富士山鐵路站	約2小時40分	¥2520
	箱根桃源台	約2小時40分	¥2300
	箱根仙石詢問處	約2小時30分	¥2200

茨城機場→關東各區
機場巴士
◎快速路線與價格指南

路線名	目的地	時間	價格
機場巴士	水戶站	約40分	¥1100
	勝田站、常陸太田市高速巴士總站	約65~130分	¥1300~1650
	宇都宮上三川IC	約50分	¥1550
	東京站(現採事先預約制)	約100分	¥1650

利木津巴士
◎快速路線與價格指南

路線名	目的地	時間	價格
利木津巴士	東京迪士尼樂園	約25~30分	¥850
	高崎站東口	約3小時	¥3900
	水戶站南口、日立站中央口	約2小時30分~3小時30分	¥3700~4400
	JR宇都宮站西口、東武宇都宮站西口	約130分~165分	¥3900

※運行時間視道路情況而調整。

懶人看這裡就對了！

‧成田機場出發→首選成田特快N'EX！
‧羽田機場出發→橫濱可搭電車，其他地方搭巴士最方便。
‧茨城機場出發→機場附近沒有車站，直接跳上巴士最省事！

	機場巴士	一般鐵路	直達列車	計程車
行李又多又重	○	△	△	○
只要便宜就好	△	○	△	×
只要輕鬆就好	△	×	△	○
沒時間，要快點	△	×	○	△

○=適合　△=還可以　×=不適合

關東的東西南北馬上看懂

福島縣

鬼怒川溫泉

中禪寺湖　日光

栃木縣

草津溫泉

群馬縣

長野縣

埼玉縣

川越

嚕嚕米主題樂園

東京都

東京
◎

東京迪士尼樂園

山梨縣

⊕羽田機場

神奈川縣

橫濱

千葉

湘南海岸

東京近郊
這些也可以順便排！

輕井澤、富士五湖、伊豆半島等觀光勝地，雖然隸屬於中部地區，但從東京前往也很便利，搭乘新幹線1小時就能抵達輕井澤，新宿搭高速巴士直達河口湖也只要2個小時，不妨一起排進關東行程當中。

箱根

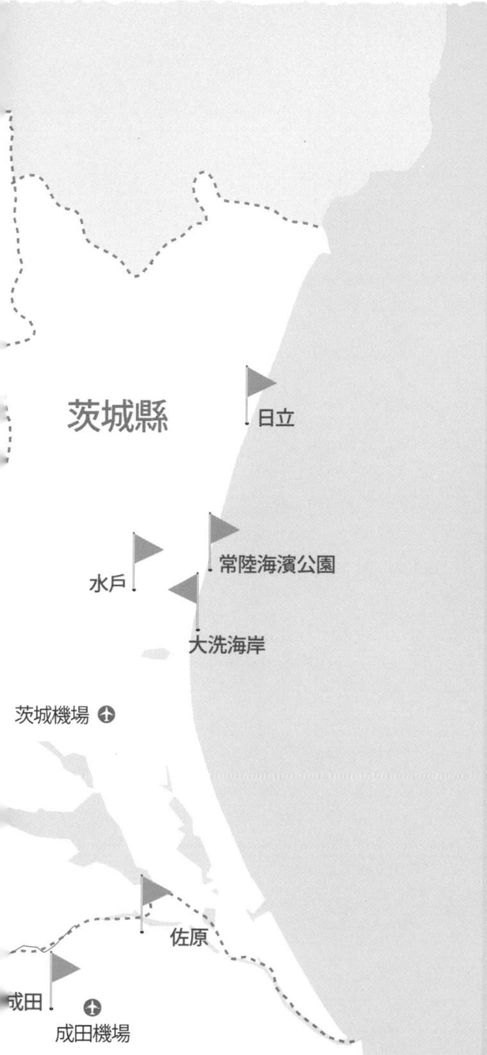

我要住哪一區最方便？

新宿：
高速巴士、鐵路轉乘方便，附近藥妝和電器都營業到深夜，晚上採買不怕沒地方去，缺點是房價較高、車站結構複雜，歌舞伎町地區較亂，適合玩東京以西近郊、川越、草津溫泉的人。

東京站：
匯集各交通系統的主要門戶，飯店房價頗高，站內及周邊商業設施好逛，但夜晚較無地方可去，以新幹線為主要交通工具的人可選擇住這裡。

橫濱：
位居東京與東海道的交通轉運中心，無論前往機場或箱根、江之島等景點都方便，飯店價位也較東京便宜，附近百貨美食街會營業到晚上11點，不怕餓肚子，夜景等夜晚娛樂較多。

大宮：
新幹線必經之地交通機能頗佳，有高速巴士和電車可直達機場，周邊SOGO、唐吉訶德、BIC CAMERA等商店齊全，缺點是非熱門住宿地飯店選擇較少。

箱根：
如果打算繼續串聯富士五湖的行程，可選擇住在有御殿場路線巴士經過的元箱根和仙石原地區。方便返回小田原站的強羅和箱根湯本地區，則適合往伊豆半島前進的旅人。

茨城縣

日立

水戶　常陸海濱公園

大洗海岸

茨城機場 ✈

佐原

成田　✈
成田機場

Point! 跨縣市的旅遊行程，選擇交通便利的地方住宿準沒錯！

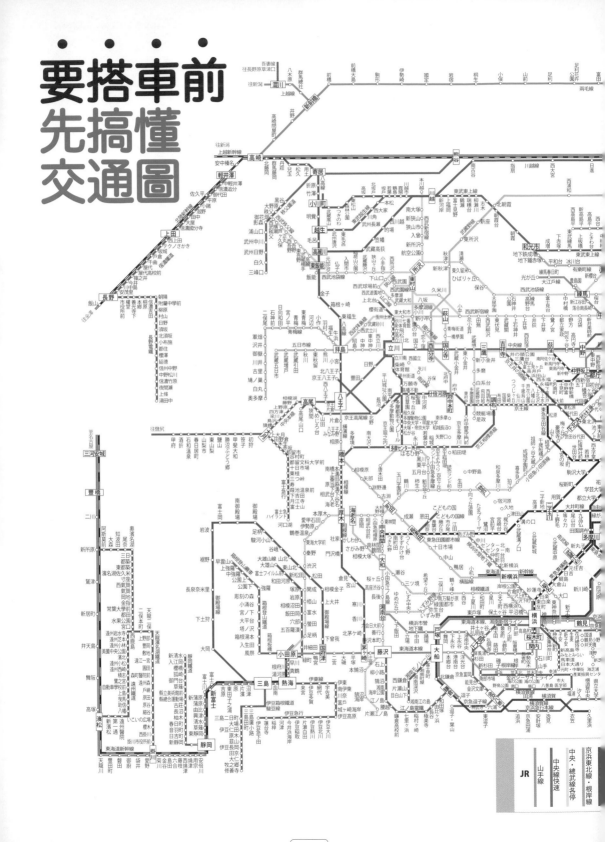

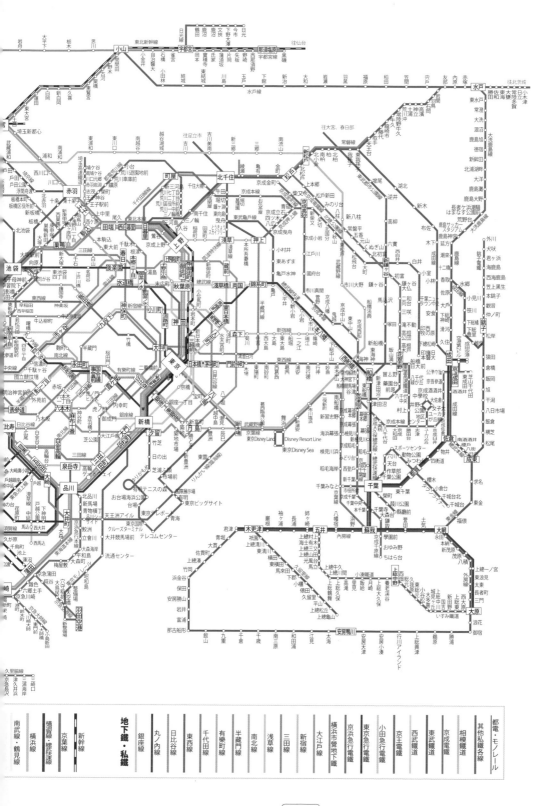

重點都在這張表！
東京市區到近郊好簡單

看到密密麻麻的交通圖不要怕！基本上從都心出發最常用到的鐵道交通系統為JR鐵路和其他私營系統，只要記住主要出發車站有東京、池袋、新宿、淺草等大站，抵達各分區後再利用當地鐵道做景點串聯就沒問題了。

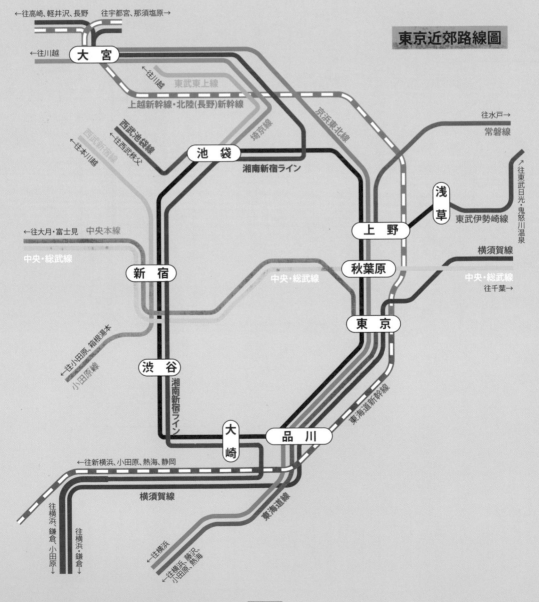

東京近郊路線圖

東京近郊利用高速巴士也很方便！

高速巴士和市區巴士不同，為縣與縣之間的長距離移動，大多需要事先訂位。雖然現場有位子的話還是可以買票，但因為沒有站席，所以最好還是預先透過網路訂票，再到便利商店付款取票，或是線上刷卡列印訂單比較保險，有的路線早買還能享有折扣。

目的地		發車地	巴士公司	所需時間	車資
千葉縣	佐原	在東京站高速巴士總站搭乘「銚子~東京駅・濱松町線」的佐原路線，可直達佐原駅北口。	千葉交通巴士 京成巴士	約1小時25分	￥1900
	銚子	在東京站高速巴士總站搭乘「銚子~東京駅・濱松町線」的所有路線，可直達銚子駅。	千葉交通巴士 京成巴士	約2小時30分	￥2700
	東京迪士尼度假區	在新宿高速巴士總站搭乘「新宿~東京迪士尼度假區」路線，可直達樂園。	JR巴士 京成巴士	約50分	￥1000
		在東京站高速巴士總站搭乘「東京~東京迪士尼度假區・新浦安」的路線，可直達樂園。	東京灣城市交通 京成巴士 JR巴士	約35分	￥730
神奈川縣	箱根	在新宿高速巴士總站搭乘小田急箱根高速巴士的「箱根線」，沿路可達箱根的各大景點。	小田急箱根高速巴士	至箱根桃源台約2小時30分	￥2040
茨城縣	水戶・偕樂園	在東京站高速巴士總站搭乘「みと號」可直達水戶站北口、南口與水戶市內。	JR巴士 茨城交通 關東鐵道	約2小時	￥2250
群馬縣	草津溫泉	在新宿高速巴士總站搭乘「上州ゆめぐり号」可直達。	JR巴士	約4小時10分	￥3510~￥4000
	伊香保溫泉	在新宿高速巴士總站搭乘「上州ゆめぐり号」可直達。	JR巴士	約2小時30分	￥2620~￥3000

※本表所列巴士路線為2022年12月之資料，實際車資、時間請洽巴士公司。
※本表所列巴士車資皆為單程，依不同路線會有早鳥優惠、來回票優惠，請洽巴士公司。

多數高速巴士都是從「東京站高速巴士總站(東京駅八重洲口)、「新宿高速巴士總站(新宿駅新南口)」發車！

東京站高速巴士總站

新宿高速巴士總站

有什麼優惠車票適合我？

	JR東京廣域周遊券 JR Tokyo Wide PASS	箱根周遊券 Hakone Free Pass	日光廣域周遊券 NIKKO PASS all area
使用區間	JR東日本線(區域間)、JR東日本新幹線(區域間)、東京單軌電車、伊豆急行線全線、富士急行線全線、上信電鐵全線、埼玉新都市交通(大宮～鐵道博物館)、東京臨海高速鐵道線全線、JR東日本與東武鐵道線互通軌道特急、東武鐵道線(下今市至東武日光、鬼怒川溫泉的普通線)	箱根地區8種交通工具：箱根登山電車、箱根登山纜車、箱根空中纜車、箱根海賊船、箱根登山巴士(區間)、小田急箱根高速巴士(區間)、東海巴士(區間)、觀光景點巡遊巴士 小田急線來回車票	日光區域內的東武集團交通工具：東武巴士(區間)、日光交通巴士(區間)、低公害巴士、中禪寺湖遊覽船。 東武鐵道(淺草～下今市間)來回車票 (低公害巴士與中禪寺湖遊覽船僅限4月中旬~11月下旬)
價格	￥10180	新宿出發 2日￥6100 3日￥6500	夏季(4/20~11/30)￥4780 冬季(12/1~4/19)￥4160
有效時間	連續3天	連續2日/3日	連續4日
使用需知	・除了「埼玉新都市交通」外，在其他路線可走一般閘口。 ・欲搭乘指定席需劃位(不限次數) ・富士急行線「富士山特急」、「富士山View特急」1號車廂，與「富士登山列車」，均需另外付費。 ・「疾風」號、「鬼怒川」號、「日光」號等全車指定席列車，需劃位。 ・不能乘坐東海道新幹線及JR巴士。	・搭乘浪漫特快需另付特急費，新宿→箱根湯本￥1200。 ・販券機只售當日使用的票券 ・搭乘當日只要於沿線合作設施出示票券，即可獲得各種優惠。 ・另有利木津&箱根周遊券(適合機場出發)	・若要乘坐特急列車，請另行購買特急券，有打折！ ・搭乘SL「大樹」的旅客，請另外購買SL座位指定票。 ・搭乘當日只要於沿線合作設施出示票券，即可獲得各種優惠。 ・另有小範圍日光世界遺產周遊券2日券
售票處	事先於JR東日本網站購買 **JR東日本旅行服務中心**：成田機場全航廈、羽田機場國際航廈、東京、新宿、池袋、澀谷、上野。 **JR綠色窗口**：成田機場全航廈	網站購買電子票券、小田急線自動售票機、各大站窗口、小田急旅遊服務中心、箱根登山鐵道各大站、箱根登山巴士服務中心等	線上購買、成田空港SKYLINER & KEISEI INFORMATION CENTER、淺草東武旅遊服務中心、池袋東武旅遊服務中心。
官網			
購買身分	非日本籍旅客，購買需出示護照。	無限制	外國旅客專用，同行的日本人亦可購買

川越優惠周遊券升級版 KAWAGOE DISCOUNT PASS PREMIUM	西武鐵道一日/二日券 SEIBU 1Day / 2Day Pass	江之電一日乘車券 Noriorikun	常磐路周遊券 ときわ路パス
東武鐵道池袋~川越間內的來回票，川越站~川越市站為自由區間。 小江戶名勝巡遊巴士	西武鐵道全線 (多摩川線除外)	江之電全線	茨城縣內範圍JR線、區間內4大私鐵線(鹿島臨海鐵道、常陸那珂海濱鐵道、真岡鐵道、關東鐵道)普通車
￥1050	1日￥1000 2日￥2000	￥800	￥2180 夏(6-8月)、秋(9-12月)與冬(1-3月)三季才發售
1日	1日/2日	1日	1日
·搭乘當日只要於沿線合作設施出示票券，即可獲得各種優惠。 ·另有不含巴士的川越優惠周遊券	·西武線內請從自動驗票機通過。秩父線內請出示給驗票員看。 ·若要乘坐特急列車，請另行購買特急券 ·另有包含秩父鐵道的西武線全線一日券＋長瀞	·為磁卡票券，刷票走一般閘口即可。 ·販券機只售當日使用的票券 ·搭乘當日只要於沿線合作設施出示票券，即可獲得各種優惠。 ·另有適合新宿、澀谷出發的票券。	·假日限定使用 ·搭乘JR特急、JR普通車綠色車廂等，皆需要另外購買特急券、綠色車廂、指定席券等票券。 ·持本票券搭乘真岡鐵道蒸氣火車SLもおか，需要另外購入SL整理券。
東武東上線池袋站售票窗口、東武TOP TOURS池袋分店、池袋東武旅遊服務中心等地。	線上購買、西武池袋站1樓、B1特急券售票處、西武新宿站特急券售票處、西武池袋旅遊服務中心等。	網站購買電子票券、江之電沿線車站的自動售票機、其他委託販賣處	票券自由區間內JR東日本車站的指定席券販賣機、綠色窗口等。
非日本籍旅客，購買需出示護照。	非日本籍旅客，購買需出示護照。	無限制	無限制

復古江之電一日攻略行程

海景早餐　灌籃高手平交道　鎌倉大佛
江之島　湘南海岸　鎌倉

穿梭於海濱與住宅街區之中的百年路面電車江之電,是東京近郊最熱門的電車路線。沿途經過江ノ島、七里ヶ浜、鎌倉等站,下車探訪鎌倉的古都寺社、湘南海岸的美式風情,以及江之島的千年神社,享受多采多姿的散步小旅行。

MOOK玩什麼
帶你玩江之島

早

08:30 七里ヶ浜駅
08:40 七里ヶ浜
　　　Pacific DRIVE-IN／早餐
10:00 灌籃高手平交道
10:30 江之島
　　　江島神社

午

　　　弁財天仲見世通／午餐
14:50 高德院
16:00 小町通
17:00 鶴岡八幡宮

晚

19:00 鎌倉駅

階梯很多、要走很多路，好鞋好體力缺一不可！

4大區域**玩好玩滿**
鎌倉江之島滿喫行程
Start！

必買江之電鐵一日券！800日圓的一日券只要搭3,4趟就回本～

08:30
七里ヶ浜駅
江之島電鐵

步行 3分
車站出來往海岸直直走，左手邊即是
七里ヶ浜

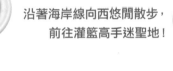

08:40
Pacific DRIVE-IN

 Map
 Web

美式汽車餐廳風格的Pacific DRIVE-IN，位在134號道路旁的海岸地，坐擁美麗海岸風景，鬆軟可口的人氣必點「鬆餅」外，早餐還吃得到專為衝浪才設計的菜色「衝浪者套餐」，讓人元氣滿點！

時間 8:00~20:00，11~2月平日10:00~20:00

步行 11分
沿著海岸線向西悠閒散步，前往灌籃高手迷聖地！

10:00
灌籃高手平交道

 Map

看見那條與大海平行的黃色平交道，耳邊已然響起《灌籃高手》的熱血片頭曲，籃球場上的熱切歡呼聲，波光粼粼的湛藍大海，海鷗逆光飛翔，平交道前黃綠相間的電車緩緩駛過，晴子露出燦爛笑容和櫻木花道招手。

鎌倉高校前駅
江之島電鐵

10:20
¥200

搭電車 6分
江ノ島駅
江之島電鐵

搭乘江之電，至江ノ島駅下車

步行 20分
出站後往南一路直走，約5分鐘來到弁天橋墩，沿著大橋繼續前進，約莫15分鐘，就可抵達江之島。

在橋上別忘了欣賞片瀨海岸美景，有機會一睹富士山與海岸連成一線。

10:30

江之島
江島神社

Web

Map

江島神社是島上的三間神社——邊津宮、中津宮、奧津宮的總稱，供奉海上三女神，是日本三大弁才天神社之一。神社入口處的「瑞心門」，模擬了《浦島太郎》中所描繪的「龍宮城」大門。邊津宮藏有鎌倉和江戶時代流傳下來的弁財天像，中津宮為祈求變美與良緣之地，走到最深處的奧津宮別忘了到拜殿前，抬頭看看「眼觀八方的龜」。

時間 自由參拜　價格 邊津宮奉安殿¥200

Tips　整座江之島其實是座山，宮與宮之間須爬段山路，尤其以神社入口到邊津宮最吃力，體力不佳者可考慮付費搭乘電扶梯上山。

參拜完奧津宮後，可沿江之島西邊的步道下山

步行
13分

12:30

江之島
弁財天仲見世通

Map

青銅鳥居至江島神社入口前的弁財天仲見世通，不到200公尺的街道聚集超過50家商店，其中紀の國屋本店的饅頭、あさひ本店的現烤章魚仙貝等，為必吃排隊美食！

時間 各店家營業時間不同，大多9、10點左右陸續開店

返回車站

步行
20分

江ノ島駅
江之島電鐵

14:15
¥260

搭電車
18分

沿路有許多大佛商品、點心，超可愛～

出站後沿著馬路直走一段，右手邊即是

步行 **15**分

🚏 長谷駅
江之島電鐵

14:50

高德院

「沒有看過大佛，就別說你來過鎌倉」，依照阿彌陀如來佛塑像而成的大佛，與奈良大佛並列為日本二大大佛，佛身高度有11.312公尺，是鎌倉的精神象徵。參觀者也可以進入大佛內部，細細欣賞750年以上的歷史軌跡。

時間 8:00~17:30、10~3月8:00~17:00 價格 ¥300，大佛內部參觀暫停中

Map

Web

15:45
¥200

搭乘江之電，至鎌倉駅下車

搭電車 **4**分

步行 **1**分

JR鎌倉站東口左手邊的街道即是

小町通

Map

被喻為美食天堂的鎌倉，其中以「小町通」人潮最多，其商店街自鎌倉站東口開始至鶴岡八幡宮前近400公尺，街道兩旁聚滿超過250間以上的店家，一路吃吃喝喝逛到鶴岡八幡宮，一點也不覺得遠。

時間 店家營業時間各異

16:00

🚏 鎌倉駅
江之電・JR線

沿路滿滿的小吃讓人口水直流，鳥小屋的可樂餅、夢見屋的糰子為必嘗庶民美食！

步行 **10**分

沿小町通朝鶴岡八幡宮前進

鶴岡八幡宮

17:00

擁有廣大腹地的鶴岡八幡宮，除了是鎌倉象徵，也是歷史與政教中心。鎌倉幕府時期，鶴岡八幡宮的威望甚至遠盛過京都的任一神社。以典型日本神社建築式樣打造的鶴岡八幡宮目前則是日本的重要文化財。

時間 5:00~21:00、10~3月6:00~21:00 價格 境內自由參觀

Map

Web

步行 **10**分

返回車站，順路買買伴手禮

🚏 鎌倉駅
江之電・JR線

19:00

Goal！

橫濱港灣風光
一日輕旅行

日清泡麵博物館　橫濱夜景　中華街
紅磚倉庫　山手西洋館

橫濱是日本最大的國際貿易港，港區未來21擁有熱鬧的購物中心和新舊交錯的港灣風景，來到元町‧中華街周邊品嚐熟悉又陌生的中華料理，或者走一趟山手，飽覽歐風建築等，橫濱定番景點帶你一日跑透透！

早	**09:00** 横浜駅
	09:30 山手西洋館
	11:00 日清杯麵博物館／午餐

午	**13:00** 紅磚倉庫
	14:30 橫濱中華街
	橫濱媽祖廟
	16:00 山下公園

晚	**17:30** 橫濱地標塔／晚餐
	19:30 横浜駅

橫濱6大必訪景點 一日串聯黃金行程

博物館、購物中心等室內景點不少，可作為雨天候補地區。

Point!

橫濱景點集中在港區未來線沿線，且每站距離不遠，不用擔心走回頭路浪費時間，想去哪就去哪超自由～

Start!

`09:00`　**橫浜駅** JR線·港未來線

沿途也要走不少路，舒適好走、好穿脫的鞋才是當日穿搭首選！

¥220

搭乘港未來線，至元町·中華街駅下車

搭電車 **8**分

出站後，往公園方向前進，各西洋館散落在其中

步行 **7**分

港の見える丘公園可以眺望港區未來、橫濱港灣大橋的座椅，總是吸引情侶們賞景談心。

`09:30`　**山手西洋館**

山手過去是外國人的居留地，至今仍有許多古老的西洋建築，被合稱為山手西洋館，其包括山手111番館、Berrick Hall等7間建築，這些洋館幾乎都是免費開放，有些還兼作咖啡廳，一大早來這裡散散步喝咖啡，十分愜意。

Map

Web

元町· 中華街駅 港未來線

`10:45`

¥190

搭電車 **3**分

[時間] 各館約9點半起陸續開館

搭乘港未來線，至馬車道駅下車

步行 **8**分

出站後，往新港(摩天輪)方向步行即達

`11:00`　**馬車道駅** JR線·港未來線

日清杯麵博物館

日清於2011年在橫濱興建了杯麵博物館，館中介紹關於泡麵與杯麵的發展歷程，以及多國泡麵與日清的發展理念。最有趣的是可以體驗動手做專屬的泡麵和杯麵，甚至能在館內品嚐到來自世界8國的不同麵食，大人小孩都能玩得超開心。

Map

Web

[時間] 10:00~18:00　[休日] 週二、年末年始　[價格] 入館¥500，高中生以下免費。杯麵製作¥500

往新港中央廣場方向前進即達　**步行 4分**

13:00 紅磚倉庫

橫濱紅磚倉庫原本是橫濱港邊的舊倉庫群，經巧手改築後，1號館除作為展覽館之用，也進駐超過10家以上的橫濱原創品牌，2號館則是商業用途，各類充滿海洋風味的繽紛雜貨以及時髦的咖啡廳，在充滿懷舊風情的紅磚空間內，每一家都有其獨特品味。

時間 1號館10:00~19:00、2號館11:00~20:00(依店家而異)

往象鼻公園方向徒步前往車站，其實散步到中華街也只要15分鐘喔！　**步行 6分**

咖啡廳「象の鼻テラス」大象鼻子的冰淇淋超可愛～

14:00

¥190 搭電車 2分　**日本大通り駅** 港未來線

搭乘港未來線，至元町·中華街駅下車，2號出口出站即達

元町·中華街駅 港未來線

14:30 橫濱中華街

有著華麗中國牌坊的橫濱中華街，聚集了數百家來自江浙、北京、四川、上海、廣東與台灣等地的料理餐廳，以及中國風濃厚的雜貨店，是日本最大的中華街，不妨來此感受一下深受日本人喜愛的中華風。

時間 依各店舖而異

向南門絲綢之路前進　**步行 2分**

14:40 橫濱媽祖廟

由日本華僑所捐款建造完成的橫濱媽祖廟位於南門絲綢之路上，是日本最大的媽祖廟，供奉的當然就是我們最熟悉的天后媽祖，進入參拜每個人都必須付¥500的香油錢。另外，在橫濱博覽館附近還有座橫濱關帝廟可以參拜！

時間 9:00~19:00　**價格** 免費參拜，神殿內拜觀¥100、香油錢¥500

往港口方向前進

步行 6分

16:00

山下公園

山下公園是橫濱最具傳統的觀光點，純粹享受橫濱港的海景和海風，有海上觀光巴士可搭乘，或是參觀80歲的日本郵船冰川丸。公園內除了「水的舞台」、「水的階梯」、「紅鞋女孩」等造景外，還能從公園中遠觀港區未來21以及海灣大橋等，是個日夜都值得推薦的地方。

走回車站

步行 10分

附近的橫濱大棧橋國際客船中心是觀夕陽聖地。

17:15

🚃 **日本大通り駅**
港未來線

¥190

🚃 **みなとみらい駅**
港未來線

搭電車 3分

搭乘港未來線，至みなとみらい駅下車

5號出口出站徒步即達

步行 3分

17:30

橫濱地標塔

橫濱地標塔高度達296公尺，Landmark Tower Plaza聚集許多人氣品牌與餐廳，更可搭乘高速電梯直達69樓的空中花園展望台，360度的遼闊視野讓人心情舒暢，天氣晴朗時，甚至可遙望富士山。看完夜景到樓下吃晚餐、逛街剛剛好！

時間 商店11:00～20:00、咖啡與餐廳11:00～22:00；SKY GARDEN 10:00～21:00(入場至20:30)，週六、隔天為假日的週日10:00～22:00(入場至21:30) **價格** 大人¥1000，高中生、65歲以上¥800，中小學生¥500，4歲以上小孩¥200

走回車站

步行 4分

搭乘港未來線，至橫浜駅下車

搭電車 3分

🚃 **橫浜駅**
JR線・港未來線

19:30

Goal !

箱根藝術美景 一日小旅行

溫泉鄉　強羅　蘆之湖海賊船
空中纜車　湖中鳥居

玩箱根，最簡單的方式便是從交通工具著手。很少有一個地方，可以因為交通動線而成為一個主題旅遊，乘上登山電車、空中纜車、觀光船……再讓箱根的名山大湖、和風溫泉來作陪，四季皆美的自然景觀與豐富的藝術養分，絕對讓你留連忘返。

早
09:30 箱根湯本
10:30 箱根神社
11:30 箱根海賊船

午
13:00 強羅
　　　田村銀勝亭／午餐
　　　強羅公園
15:15 箱根雕刻之森美術館

晚
17:30 箱根湯本
　　　箱根の市／晚餐
19:00 箱根湯本駅

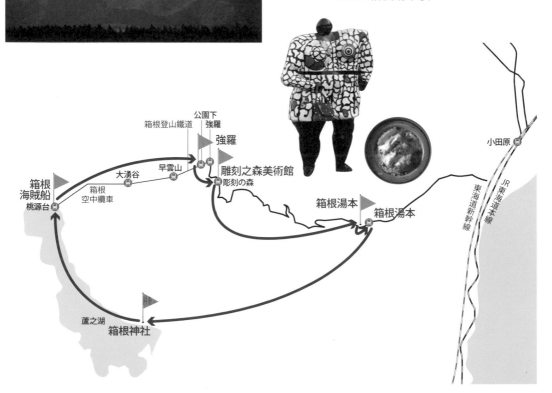

箱根登山鐵道
公園下　強羅
強羅
雕刻之森美術館
早雲山　彫刻の森
大湧谷
箱根海賊船
桃源台
箱根空中纜車
箱根湯本
箱根湯本
小田原
JR東海道本線
東海道新幹線
蘆之湖
箱根神社

> 箱根周遊券幾乎包含箱根地區的所有交通工具，划算又省事！

5大交通工具制霸
箱根必玩一日重點行程

Start！

箱根好山好水景點多，最佳旅遊天數是2天1夜以上，如果時間沒那麼多，只要早點出門，東京箱根一日快閃也能盡興～

09:30
¥1080
🚃 箱根湯本駅
小田急電鐵 箱根登山鐵道

搭巴士 35分
搭乘箱根登山巴士，至元箱根港站下車

10:05
🚐 元箱根港
箱根登山巴士

步行 10分
徒步10分即達

箱根神社

 Map

Web

箱根神社自古以來就是箱根地區山岳信仰的中心，千餘年來得到當地民眾和源賴朝、德川家康等武士的信奉。境內的九頭龍神社以求事業、姻緣聞名，獨有的龍神水據說可消除身心靈上不好的雜靈，而矗立在蘆之湖上的朱紅色鳥居，更是元箱根的代表風景。

10:30

時間 自由參拜

步行 10分
步行前往元箱根港海賊船搭乘處，經過巴士站後再走4分鐘即達，位在第一鳥居前

箱根海賊船

Map

Web

箱根海賊船仿造17世紀歐洲戰艦造型，色彩鮮豔明亮，還有許多華麗的立體裝飾。內部座椅寬敞舒適，冬天待在熱呼呼的暖氣中，仍可以欣賞湖面風光，天氣晴朗更可遠眺壯麗的富士山。

11:30

時間 箱根町發船時間9:50~16:30，箱根町~元箱根約10分、元箱根~桃源台約25分 **價格** 箱根町~桃源台¥1200 **注意** 搭乘地分別位於箱根町港、元箱根港、桃源台港，搭乘前可先在官網查詢航班時間。

¥1200

搭乘海賊船至桃源台港下船

搭海賊船 25分

12:00

桃源台駅
箱根空中纜車

¥1550

空中纜車將蘆之湖周邊的湖光山色盡收眼底。

早雲山駅
箱根登山鐵道

搭纜車
45分

搭乘箱根空中纜車,至早雲山駅下車

¥430

強羅與早雲山段的登山纜車,配合地形設計成階梯狀車廂,利用電纜將車子往上拉,短短距離卻要花10分鐘才能抵達。

強羅駅
箱根登山纜車

搭纜車
10分

搭乘箱根登山纜車,至強羅駅下車

出站後,往車站後方步行即達

步行
3分

強羅

13:00

田村銀勝亭

傳統和風外觀流露出沉穩寧靜的氣息,這間超高人氣的「田村銀勝亭」餐廳,招牌菜色為煮豆腐炸豬排,豆腐夾入國產豬絞肉後下鍋油炸再放入土鍋燉煮,美味多汁又超級下飯,是強羅必吃排隊美食。

Map

Web

往車站方向前進,再沿公園坂直走即達

步行
5分

時間 11:00~14:30、17:00~19:00,週二11:00~14:30 休日 週三 價格 豆腐かつ煮御膳(煮豆腐炸豬排套餐)¥2640

強羅

14:00

強羅公園

超過百年歷史的強羅公園,擁有整齊美觀的法式庭院,園內櫻花、杜鵑、繡球花等花卉依時開放,其中玫瑰花園有200種類,共千株以上的玫瑰,與初夏的新綠、秋季的紅葉相襯,格外優美。境內還有一間典雅的茶室「白雲洞茶苑」,可以來這邊喝杯抹茶,體驗純正的日式風情。

Map

Web

也可選擇造訪箱根美術館~

走回車站,也可直接徒步至雕刻之森美術館,只需13分

步行
5分

時間 9:00~17:00 價格 大人¥550,持箱根周遊券免費入園

15:00
強羅駅
箱根登山鐵道
¥160

搭電車 3分　搭乘箱根登山電車，至彫刻の森下車

彫刻の森駅
箱根登山鐵道
步行 2分　出站後依指標步行即達

15:15 箱根雕刻之森美術館

來到箱根最出名的觀光地，就是戶外裝置了各式大型雕塑的雕刻之森美術館。其開館於1969年，是日本第一個室外美術館，遊客可以倘佯在廣達7萬平方公尺的大片綠地，親手撫觸亨利摩爾、羅丹、畢卡索等眾多大師的雕塑作品，數量多達300項，可充分體會大自然與藝術的和諧之美。

彫刻の森駅
箱根登山鐵道

16:45

|時間| 9:00~17:00(入館至16:30) |價格| 大人¥1600、高中大學生¥1200、中小學生¥800

¥460

搭電車 40分　搭乘箱根登山電車，至箱根湯本站下車

箱根湯本

箱根湯本駅
小田急電鐵·箱根登山鐵道

17:30 箱根の市

箱根の市網羅箱根當地的知名特產，像是溫泉饅頭、可愛的鐵道周邊小物、大涌谷黑色蛋，或是各地名酒等都是這裡的人氣商品。除了伴手禮，也可以買到依季節不同而推出的限定名物便當，近40種不同搭配的日式便當，選擇超多！

列車隨著山勢，以「Z」形前後擺盪上山，一路上樹影婆娑景致優美，沿途視野開闊、風景如畫。

走回車站
步行 1分

箱根湯本駅
小田急電鐵·箱根登山鐵道

19:00

|時間| 9:00~20:00

Goal !

埼玉一日穿越行程

🏷 嚕嚕米公園　小江戶川越　鯛魚籤　時之鐘　藏造老街

2019年3月開幕的嚕嚕米主題樂園，宛如誤入北歐童話森林的景緻，立馬躍為東京近郊熱門打卡景點。以老街、神社聞名的川越，街道兩旁的漆黑屋瓦與千本格子窗的老式商家建築，彷彿走入了百年前的時光隧道。上午來場北歐旅行，下午穿越至江戶時代，一日體驗埼玉新魅力！

早	**09:30** 東飯能駅 **10:00** 嚕嚕米主題樂園
午	**14:00** 喜多院 **15:00** 冰川神社 **15:30** 一番街 　　　　星巴克 時鐘小路店
晚	**17:30** 本川越駅

©Moomin Characters™

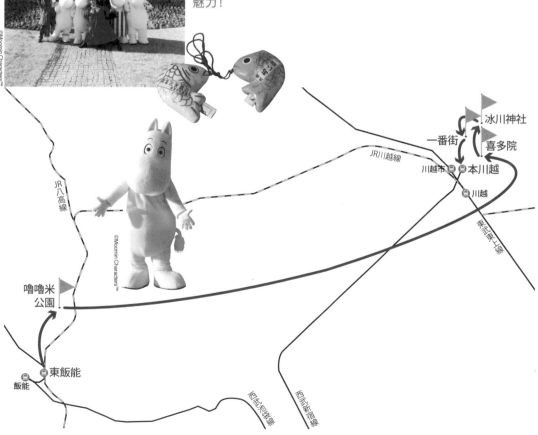

©Moomin Characters™

JR川越線

冰川神社

一番街　喜多院

川越市　本川越

川越

JR八高線

東武東上線

嚕嚕米公園

東飯能

飯能

西武池袋線　西武新宿線

北歐療癒✕江戶浪漫
埼玉一日漫步行程
Start!

車站離景點都有段距離，搭巴士是較省時的玩法。

Point!

川越地區巴士單趟就要100~200日圓，若會搭2~3次以上，可購買巴士一日券「小江戶巡回バス」¥500，或「小江戶名所めぐりバス」¥400。

09:30 ¥200

東飯能駅 JR線・西武鐵道

搭巴士 12分　東飯能駅東口2號乘車處，搭乘往「メッツァ」方向巴士，下車後即達森林村Metsä Village

10:00 ¥200

搭巴士 12分　搭巴士回車站

鐵道迷也可選擇上午去大宮鐵道博物館~

嚕嚕米主題樂園

「嚕嚕米主題樂園」，是亞洲第一間以嚕嚕咪為主角的遊樂園！園區內分為Metsä Village及Moomin Valley Park兩大區塊，Metsä Village為免費入場，以芬蘭度假風格為主，裡面有著不同的商店及市集；Moomin Valley Park則需入場費，這裡有著各樣遊樂器材、展覽表演及體驗工坊等，還有超多嚕嚕米相關的周邊商品，讓嚕嚕米迷愛不釋手。

Map

Web

時間 Metsä Village：10:00~18:00，假日~19:00，Moomin Valley Park：10:00~17:00，假日~18:00　**價格** 大人(中學生以上)¥3200，小孩(4歲以上小學生以下)¥2000，3歲以下免費；園區內部份施設需額外付費(事前購買門票可折抵¥200)

13:15

東飯能駅 JR線・西武鐵道

¥420

搭電車 28分　搭乘JR八高線・川越線，至川越駅下車

¥180

搭巴士 8分　川越駅東口搭東武巴士，至喜多院前下車即達

14:00

喜多院

1638年的大火，將喜多院燒得只剩山門，將軍德川家光為了重建，將江戶城紅葉山住所拆掉，移到這裡建了現在所看到的客殿、書院以及庫裏，所以來到喜多院，還可看到「家光誕生的房間」與「春日局的化妝間」等景點，而境內的多寶塔、五百羅漢也都是難得一見的景色。

Map

Web

時間 平日9:00~16:30、週日例假日9:00~16:50
價格 本堂・五百羅漢共同拜觀：¥400

¥180

搭巴士
12分

喜多院前搭乘東武巴士，
至川越冰川神社下車即達

15:00

冰川神社

Map

川越冰川神社1500年來一
直以戀愛神社聞名，每早
8點還有限量20份的免費「戀愛
石」(緣結び玉)。神社境內有條小
川，據說在此放流代表自己的小
紙人，就能化解厄運，在主殿旁
的繪馬參道相傳古時候這裡有奉納
給神社的真的馬匹，後來由繪馬代
替真馬，漸漸形成了繪馬隧道，十分壯觀。

時間 自由參拜

買枝赤緣筆吧！當紅
緣越來越短，說不定
良緣就靠近囉。

神社附近的川越城本丸御殿，
日劇《仁醫》曾在館內的東走
廊取景拍攝，歷史氛圍滿點。

¥180

搭巴士
5分

川越冰川神社搭乘東武巴士，
至札の辻巴士站下車即達

15:30

一番街

Map

川越最代表的觀光景點，
就是這條擁有30多棟傳統土
藏造建築的老街，聚集了許多咖啡
廳、甜品店、土產店等商家。川越
盛產番薯，街上隨處可見番薯製
品，其中菓匠右門以紅豆和番薯製
成的「いも恋」是必吃點心，炸蜜番
薯條也大受歡迎！

時間 商店營業時間約10:00~17:00

在時之鐘旁

步行
2分

一番街

星巴克 時鐘小路店

16:00

Map

川越最著名地標所在的「時之鐘」旁，2018年新開幕了一家星巴克咖啡。以當地的杉木建成與此一街區老建築融合的風貌外，店內座椅的坐墊也採用當地著名的「川越唐棧」織物，洗鍊挑高的簡約室內風格，充分展現在地風貌。

Web

時間 8:00~20:00

川越老街區怎麼逛

川越老街包含一番街、菓子橫町、時鐘小路、大正浪漫夢通等，菓子屋橫丁是專賣懷舊零嘴的小街，許多流行雜誌在夏天時都喜歡來這裡取景。大正浪漫夢通是一副安靜、充滿大正時代浪漫氣息的商店街風貌，曾有銀座商店街的稱號。老街彼此串連在一起，可以花個一下午以散步方式慢慢逛。

車站附近的新富町商店街有許多特色居酒屋，可以來這裡吃晚餐。

¥180

一番街站搭乘東武巴士，
至本川越站下車

搭巴士
5分

17:30

本川越駅
西武鐵道

Tips 川越這裡主要有三個車站，分別為東武鐵道的「川越市駅」，西武鐵道的「本川越駅」，皆可直達池袋駅，離兩者稍遠的「JR川越駅」，則是會經由大宮再往東京前進。

Goal !

日光鬼怒川溫泉
周遊一日行

世界遺產　日光東照宮　華嚴瀑布
中禪寺湖　鬼怒川溫泉

日光有名聞遐邇的二社一寺：東照宮、輪王寺以
及二荒山神社，1999年經聯合國教科文組織登
錄為世界遺產；奧日光則擁有優美的中禪寺湖、
奔騰的華嚴瀑布，構成旅遊魅力。晚上就到鬼怒
川泡溫泉住旅館，感受日光廣域的精緻與美好！

早	09:00 東武日光 10:30 中禪寺湖 11:15 華嚴瀑布
午	12:30 日光二社一寺 　　　明治の館 　　　日光東照宮 　　　二荒山神社 　　　輪王寺
晚	17:30 鬼怒川溫泉

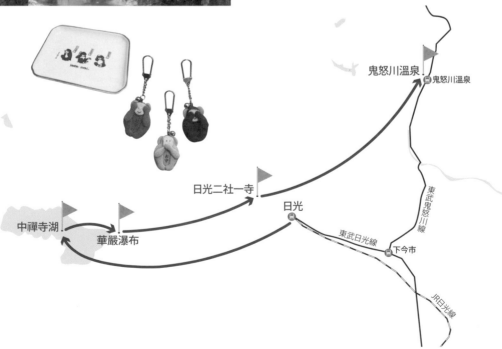

鬼怒川溫泉　🚉鬼怒川溫泉

日光二社一寺　日光

東武鬼怒川線

東武日光線　下今市

中禪寺湖　華嚴瀑布

JR日光線

華嚴瀑布中午過後易產生逆光，若想拍到好照片建議一早前往。

三大區跑透透 日光廣域黃金行程

Point! 東京往返日光車票貴鬆鬆，務必挑張合適的票券P.72，才能玩得盡興又省荷包！

Start！

09:00 ¥1300
東武日光駅
東武鐵道

搭乘東武巴士，至船の駅中禅寺下車即達

搭巴士 **55**分

途中巴士會駛經明智平觀景台，若有時間極度建議在此一遊，欣賞壯闊的景緻～

10:30

中禅寺湖

中禅寺湖是日光連山主峰男體山火山噴發時所形成的高山堰塞湖，周長約25公里，是栃木縣內最大的湖泊。秋天楓紅時分，碧藍的湖水襯著湛藍的晴空，倒映著深秋紅葉燦爛似火般的剪影，令人心醉不已，還成為電影《失樂園》的拍攝背景。

若有時間可搭遊覽船，船班一小時一班，繞行一圈約55分。

往華嚴瀑布方向步行，即可達觀瀑電梯搭乘處

步行 **13**分

Map
Web

時間 9:30~15:30，每隔一小時1班船，共7班，冬季停駛。　**價格** 一周¥1400

11:15

華嚴瀑布

華嚴瀑布是日本知名度最高的三大名瀑之一，從97公尺高的岩壁上往下衝，聲勢格外不同凡響。華嚴瀑布5月春天兩側山壁染上新綠，6月白腹毛腳燕在四周飛舞，1~2月時細小水流會凍結成冰，一年四季風情萬種。

Map
Web

時間 觀瀑電梯9:00~17:00 (依季節而異)　**價格** 觀瀑電梯來回大人¥570、小孩¥340

¥1200

華嚴瀑布入口搭乘東武巴士，至神橋下車，徒步8分即達

搭巴士 **30**分

Tips 往返奧日光的路上必會經過九彎十八拐的山路，尤其是伊呂波山道路段，提醒會暈車的人要事先吃藥喔～

12:30

日光二社一寺
明治の館

Map

Web

原是明治時代美國貿易家請來日光工匠不惜時間成本打造，其中以亂石砌方式築造的日光石石牆，更是珍貴的近代遺產，因此於2006年列入「登錄有形文化財」。店內提供家常西式料理，還推出多項結合湯波、干瓢等當地特產的菜色，深受歡迎。

步行 **8**分

時間 11:00~19:30

13:30

日光二社一寺
日光東照宮

Map

Web

1999年12月由聯合國教科文組織將其登錄為世界遺產的日光東照宮，是為了祭祀江戶幕府第一代大將軍德川家康，1617年由二代將軍秀忠開始修建，而到了三代將軍家光時，更花下大筆經費、窮天下工匠絕藝將東照宮修築得絢爛奪目，境內的陽明門更是之最。

時間 4~10月9:00~17:00、11~3月9:00~16:00
價格 ￥1300　注意 目前正進行平成大修理，2019年4月1日至2024年3月31日預計整修下神庫、背面唐門、渡廊等處。

以「非禮勿視、非禮勿聽、非禮勿言」聞名的三猿雕刻，是境內最具代表的雕刻。

步行 **2**分

14:30

日光二社一寺
二荒山神社

Map

Web

二荒山神社是日光山岳信仰的主祭神社，建築莊嚴充滿著神道教的樸實無欲，神苑中有股稱做「二荒靈泉」的神泉，傳說喝了可以治療眼疾，一旁的茶亭還有賣用此靈泉所製的抹茶和咖啡呢。

時間 4~10月8:00~17:00、11~3月8:00~16:00
價格 神苑￥300、寶物館￥500

二荒山神社旁的大猷院為三代將軍德川家光的墓所，朝東照宮而建表示對祖父的尊崇，若有時間可以順帶一遊～

步行 **11**分

住宿推薦

鬼怒川
Grand Hotel 夢の季

這間飯店位於車站附近,從大廳到客房都是一貫的和風雅致,男女大浴場皆能欣賞到鮮豔的四季景色更迭,深獲好評的乳白色微粒子氣泡讓肌膚光滑柔細,更有獨立的個人溫泉風呂。

住宿推薦

界 鬼怒川

界鬼怒川位在鬼怒川畔的小高台,在大自然與日本傳統工藝中找尋平衡點,界鬼怒川在設施各處大量地使用當地的益子燒、黑羽藍染、鹿沼組子等工藝,帶領人們在四季中體驗鬼怒川的宿泊真諦。

日光二社一寺

15:00 輪王寺

日光山輪王寺為天台宗的信仰重地,相傳是766年日光開山聖祖「勝道上人」所開建,祭祀著千手觀音、阿彌陀佛、馬頭明王,分別象徵著日光三山的男體山、女峰山以及太郎山,鎮守著日光山中神靈聖地。其中三佛堂,為日光山中最大的建築物。

時間 4~10月8:00~17:00、11~3月8:00~16:00 **價格** 輪王寺券(三佛堂・大猷院)¥900

¥350

搭巴士 7分 步行6分前往西參道入口搭乘東武巴士,至東武日光駅下車

16:30 東武日光駅
東武鐵道

¥320

搭電車 44分 搭乘東武鐵道,至鬼怒川溫泉駅下車。
注意 中途會在下今市駅短暫停車5分,不需下車。

17:30 鬼怒川溫泉駅
東武鐵道

鬼怒川溫泉

鄰近日光的鬼怒川溫泉,每年約吸引200萬人次前去泡湯。因與日光鄰近,相當適合在一天的歷史文化薰陶之後住上一宿,療癒身心的溫泉與豐盛的會席料理,釋放旅途中累積的疲憊。

時間 多數溫泉旅館需在晚上6點前CHECK IN,以便準備晚餐。

Goal !

茨城一日緩慢行

🏷 偕樂園　常陸海濱公園　水戶　最美海景車站

市內以梅花而聞名的偕樂園是熱愛賞花人士必訪之地，或是到常陸海濱公園觀賞四季的萬紫千紅，以及海景車站。玩了一整天後建議可再回到水戶的熱鬧市區中品嘗茨城自豪的美味——玫瑰豬肉和常陸牛，結束一天精彩行程。

早
06:00 水戶駅
07:00 日立駅
09:30 常陸海濱公園

午
12:30 水戶
　　　　つけめんTETSU　壱の木戸／午餐
　　　　偕樂園
16:00 大洗海岸

晚
18:00 水戶
　　　　常陸之國もんどころ／晚餐
19:30 水戶駅

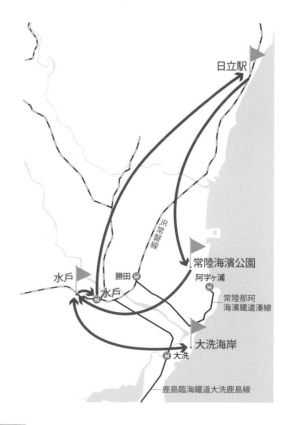

> 想一天攻略茨城最美日出和夕陽，務必備好充足體力應戰喔～

絕美風景一次收割 茨城必玩黃金行程

Point!

大洗與常陸當地的移動大多要靠巴士，事先查好巴士時刻表才能讓行程玩得更順暢。

Start!

06:00 水戶駅 JR線

¥590 搭電車 30分

搭乘JR常磐線，至日立駅下車即達

站內這間透明玻璃帷幕打造的咖啡廳，可以欣賞無敵海景！

07:00 日立駅 JR線

¥510 搭電車 25分

搭乘JR常磐線，至勝田駅下車

日立站

以大量透明玻璃打造的這個車站體，直走到通廊底端就可看見180度無敵海景，雖然車站實體建築仍距離海邊有一點距離，但因高度的視覺關係，加上串聯蔚藍海景，讓人宛如有種車站浮在海面上的錯覺，立刻成為縣內最熱門的景點。

Map

08:30 勝田駅 JR線

¥400 搭巴士 17分

勝田駅東口2號乘車處搭乘路線巴士，至海濱公園西口/南口下車

09:30 **常陸海濱公園**

Map

Web

園方在一年四季分別在園內植上不同顏色的植物，除了春天的櫻花季，春末的粉蝶花一片粉藍十分夢幻；而盛夏時特意植上俗稱掃帚草的地膚子，一片綠意十分宜人。冬季園內架起點點燈光，每當夜幕低垂時便是華燈競演之際，是北關東的冬季風物詩。

時間 9:30～17:00，暑期(7月底～8月底)9:30～18:00，冬期(11月初～2月底)9:30～16:30 休日 週二，年末年始，2月第一個週一至週五 價格 入園¥450

¥400

搭巴士 **17**分

海濱公園西口搭乘巴士，至勝田駅下車

12:00

勝田駅
JR線

¥190

搭乘JR常磐線，至水戶駅下車

搭電車 **5**分

水戶駅
JR線

步行至EXCEL MINAMI(4F拉麵街道)

步行 **5**分

水戶

12:30 **つけめんTETSU 壱の木戸**

總店發跡於東京都的つ

Map

けめんTETSU，是一家引爆

沾麵風潮的名店，分店眾多，茨城

縣唯一一家的分店，就位在EXCEL

MINAMI的4F拉麵街道裡，每到用

Web

餐時間，就會看到長長的排隊人

潮，是在地人也愛的美味沾麵店。

時間 11:00~22:00(L.O.21:45)

價格 沾麵¥900~1250

¥240

搭巴士 **15**分

水戶駅北口4號乘車點搭乘巴士，

至偕樂園下車即達

水戶

偕樂園

14:00 偕樂園為日本三大庭園之

Map

一，1842年，水戶藩第9代藩主

德川齊昭打造了偕樂園以「與民

偕樂」，園中遍植三千餘株梅樹，

Web

早期是藩主為了貯藏梅干以防

饑荒所植，現成水戶最驕傲的美麗

資產。茂密的孟宗竹林也是園中逸

景，四季美景更是別有一番出塵意境。

時間 24小時開放(本園及歷史館6:00~19:00，10

月~2月中旬7:00~18:00) 價格 入園¥300；好文亭

¥200

偕樂園就坐擁著美麗湖泊——千波湖，湖面閃耀著金色的陽光，天開地闊地讓心胸為之開朗。

¥240

偕樂園前搭乘巴士，至水戶駅下車

搭巴士 **15**分

¥330

🚌 水戶駅
鹿島臨海鐵道

搭電車 **15**分

水族館也相當受到歡迎！

¥100

🚌 大洗駅
鹿島臨海鐵道

出車站搭茨城交通大洗町循環巴士，至「大洗磯前神社下」下車

搭巴士 **15**分

16:00

大洗海岸

Map

位於海岸邊的大洗，是日本人私房度假地，更因動漫《少女與戰車》的故事舞台，成為朝聖地。周邊購物中心、餐廳林立，還有受歡迎的水族館，適合來這裡玩上半天。其中大洗磯前神社的海上鳥居，日出、日落及浪起時分煞是動人，吸引許多攝影愛好者前來探訪。

時間 自由參觀

¥100

搭巴士 **15**分

搭巴士回車站

🚌 大洗駅
鹿島臨海鐵道

17:15

¥330

搭乘大洗鹿島線，至水戶駅下車

搭電車 **15**分

🚌 水戶駅
鹿島臨海鐵道

南口出站徒步即達

步行 **10**分

18:00

水戶

常陸之國もんどころ

Map

Web

常陸之國もんどころ餐廳內幾乎都是個室，除了一般居酒屋有提供的菜單，這裡更強調以茨城縣地產食材所提供的各式料理，包含常陸牛、奧久慈軍雞、各式地產蔬果，甚至是讓人很難下手的高單價茨城名物——鮟鱇鍋也能吃得到。

走回車站

步行 **10**分

時間 17:00~24:00　價格 鮟鱇鍋1人份 ¥1590

🚌 水戶駅
JR線

Goal !

千葉懷舊一日慢行

成田山新勝寺　佐原　千葉　香取神宮　小江戶

距離成田機場只要10分鐘左右車程的成田市，因氣氛莊嚴隆重的成田山新勝寺而聞名，很適合成為旅途的第一站。再造訪過去因水運繁盛的小江戶佐原，乘著小舟陶醉在優美的水鄉風光中，細細品味千葉的魅力。

早
09:00 成田駅
09:30 成田
　　成田山新勝寺
　　成田山表參道
　　川豐本店／午餐

午
13:45 佐原
　　小野川遊船
　　伊能忠敬記念館
　　珈琲 遲步庵いのう
　　香取神宮

晚
18:00 佐原駅

古寺、水鄉、神宮，穿越時空之旅

如果只有半天時間，也可以選擇其中一個遊玩～

Point!

成田山新勝寺隨時可參拜，周邊店家多半8、9點就開始營業，很適合作為紅眼班機的第一站。

Start!

09:00

成田駅
JR線·京成電鐵

步行 **15**分

JR成田駅東口或京成成田駅西口
出站步行即達

順路一嘗人氣排隊小吃金時の甘太郎的甘太郎燒き～

商家主要集中於東口，可邊走邊逛感受在地風情。

成田山新勝寺 | 成田

09:30

Map

Web

成田山新勝寺為真言宗智山派的大本山，已有超過千年的悠久歷史，每年約吸引千萬人前來參拜，新年參拜人數僅次於明治神宮。境內的大本堂是舉行御護摩祈願的場所，以御護摩向不動明王祈願是真言密宗的特殊儀式，自平安時代流傳至今。

時間 自由參拜

步行 **1**分

成田山新勝寺前即是

成田山表參道 | 成田

10:30

Map

參拜完成田山新勝寺後，決不能錯過寺院門的成田山表參道，這條帶有古時風味的參道，齊聚眾多美食名店、伴手禮、街邊小吃等商家，在結束寺廟巡禮後再來到參道補充體力，開始下一站的旅行。

時間 店家營業時間各異

なごみの米屋的伴手禮超可愛！

沿表參道步行，就在成田
旅客服務中心對面

步行 3分

11:00

成田

川豐本店

 Map

在總長800公尺的表參道
上就有約60間店提供鰻魚料
理，如此多的競爭者中，川豐本
店的鰻魚飯可説是無人能出其
右，堅持每日在店內「現殺、現
蒸、再現烤」，帶著淡淡甜味的醬汁
滲入鮮嫩魚肉，滋味甘美鮮甜，
香氣餘韻久久不散。

 Web

吃飽喝足步行回車站

步行 10分

12:30

成田駅 JR線

¥510

時間 10:00~17:00(7,8月的假日營業至18:00)
休日 不定休 **價格** うな重(鰻魚飯)¥2,700

搭乘JR成田線，
至佐原駅下車

搭電車 41分

佐原駅 JR線

冬天有暖爐遊船，在寒冷天
氣裡也能舒服遊覽水鄉。

忠敬橋名稱取自江戶時
代的地圖測繪家伊能
忠敬，橋上的裝飾以其
測量器具為雛形製作。

出站沿佐原山田線步行，
過忠敬橋後右轉即是

步行 12分

佐原

小野川遊船

13:45

被指定為重要傳
統建造物群保存地
區的佐原，懷舊商
家建築滿溢著江戶
情緒，要想細細品味佐原水鄉
的美好風情，最推薦的就是小
野川遊船。遊船小舟雖已在多
年前從撐篙的方式改成馬達，
但依舊讓乘客無比雀躍。

Map

Web

時間 10:00~16:30(依季節而異)，一
趟約30分 **休日** 年末年始、不定休
價格 大人¥1300、小學生¥700

樋橋原本是為儲存灌溉
用水的落水管(樋)，現在
每30分鐘就可看到水從
落水管流出的樣子。

乘船處旁、
樋橋前即是

步行 1分

14:30

佐原

伊能忠敬記念館

伊能忠敬是江戶時代的地圖測繪家，50歲
後才發憤學習天文地理的他，耗時17年，由弟
子接力完成日本第一張全國地圖《大日本沿海輿
地全圖》，不但準確度與現今真實日本相當接近，
更打開自古以來日本自身與世界
對日本的認知。館內展示當時田
野調查的縝密紀錄及測量儀器，讓
人敬佩在江戶年代，艱辛的地圖繪
製工作。

 Map

 Web

時間 9:00~16:30 **休日** 週一、年
始年末 **價格** 一般¥500、中小學生
¥250

伊能忠敬記念館旁

步行
1分

15:00

┌─ 佐原

珈琲 遲步庵いのう

這裡是伊能家後代所開設的咖啡廳，獨特的老氛圍讓人情不自禁想推開木門入內，這裡有咖啡、甜點外，也陳列一些伊能代代使用的古道具類、古美術。值得一提的是，日劇《東京下町古書店》就是以此為古書店拍攝背景。

時間 11:30~17:00 **休日** 週三 **價格** 咖啡¥500

步行至忠敬橋巴士乘車處，
在福新吳服店前

步行
2分

16:15
¥170

搭乘千葉巴士神里線小見川方向，
至香取神宮站下車，徒步5分即達

搭巴士
8分

16:30 **香取神宮** ┌─ 佐原

供奉武道之神經津主大神的香取神宮，是日本全國約400處香取神社的總本宮，為關東地區數一數二的求勝能量景點，在明治之前是受到皇室崇敬的日本三大神宮。在杉林鬱蒼的神社境內，更有多處建物被指定為重要文化財，靜謐莊嚴的氛圍，有種遠離塵世真的來到神之領域的錯覺。

時間 自由參觀；寶物館8:30~16:30 **價格** 免費參觀；寶物館¥300、小孩¥100

走回巴士站

步行
5分

忠敬橋附近許多具有歷史情懷的建築，都是拍照打卡好去處～

17:25
¥230

搭乘千葉交通巴士神里線佐原駅方向，
至佐原駅下車

搭巴士
15分

18:00

🚌 **佐原駅**
JR線

來到神社必定要帶回御守，將好運一併帶在身上。

Goal！

中部排行程
入門指南

新潟縣
岐阜縣
長野縣
山梨縣
愛知縣
靜岡縣

中部位於日本中間位置，涵蓋愛知、岐阜、靜岡等縣，觀光資源豐富。愛知的名古屋是日本第三大城，岐阜有日本三大溫泉鄉之一，日本第一高峰的富士山佇立在山梨與靜岡，輕井澤、諏訪湖則是長野的熱門風景地，不論是歷史古城、世界遺產、山海資源，都是中部值得一一品味的魅力。

Q
**我到中部觀光
要留幾天才夠？**

Q
**天氣跟台灣
差很多嗎？**

Q
什麼季節去最美？

中部地區範圍廣大，幾乎每個縣都可以玩上至少5天4夜。中部地區交通不似東京、大阪等大城市便利，新手建議從**交通相對完善的城市或熱門觀光區域**著手，會較得心應手。而景點串聯多半仰賴巴士，需多**預留交通時間**，才不會匆匆忙忙。

夏天和春秋大致上與台灣差異不大。愛知與岐阜**冬季均溫約5度**左右，但愛知冬天比台灣更加乾冷，岐阜北邊的高山、白川鄉也都會降雪；日本海側的新潟冬季則會降到**零度以下**，寒流來時甚至會連飄數天大雪，需**特別注意保暖及戶外穿著**。

3月底至4月中是賞櫻季，2月則可欣賞伊豆半島的河津櫻。7、8月富士山開山，是攻頂的好時機，也可以去輕井澤度假避暑。秋季的高山祭10月初舉行，適合安排賞楓、泡湯、看祭典。冬季長野、新潟雪上活動盛行，一年一度的**白川鄉點燈**也不容錯過。

有了基本認識後，現在就來打造最適合自己的旅遊行程吧！

從機場要搭什麼車進入市區

中部國際機場→中部各區

從中部國際機場並沒有JR列車可搭乘，若要搭JR列車前往周邊各大景點的話，請先搭乘名鐵列車至金山、名古屋等大站再轉搭JR。

◎快速路線與價格指南

Tips 到達機場後，如果碰上多班次同時抵達時，入關的隊伍可能會排上約40分~1小時，若接下來要直接轉乘其他交通工具，預約時記得預留排隊與交通時間。

目的地	交通方式	乘車時間	價格
名鉄名古屋駅	名鉄μSky特急	28分	¥1250
藤が丘駅	名鉄巴士	55分	¥1600
豊田市・豊田市駅	名鉄巴士	69分	¥1900
飛驒高山	搭乘名鉄巴士於名鉄岐阜BT轉乘濃飛巴士	約4小時	¥3800
浜松駅	遠鉄巴士e-wing	約2小時15分	¥3200

名古屋鐵道

名鐵巴士

遠鉄巴士

濃飛巴士

其他中部主要機場→市區
◎快速路線與價格指南

出發地	目的地	交通方式		乘車時間	價格
靜岡機場	靜岡駅	靜鐵巴士		約50分	¥1100
	島田駅			約25分	¥550
新潟機場	新潟駅	新潟交通	直行巴士	約25分	¥420
			停靠新潟市內車次	約33分	

 靜鐵巴士　新潟交通

日本其他主要機場→中部各區
◎快速路線與價格指南

出發地	目的地	交通方式	乘車時間	價格
羽田機場	富士山‧河口湖	富士急行巴士、京濱急行巴士	約3個小時	¥2520
	甲府駅	山梨交通、京濱急行巴士	約3小時10分	¥3150

富士急行巴士　京濱急行巴士

富山機場也是好選擇

富山機場位在富山市中心部的偏南區域，臨近國道41號，地理位置方便，可作為遊玩富山、岐阜飛驒地區、新潟上越地區的出入機場。近年來因為立山黑部阿爾卑斯之路的人氣大漲，利用富山進出的包機也不在少數，為這較偏遠的機場帶來不少活力。

懶人看這裡就對了！

	機場巴士	一般鐵路	直達列車(僅名古屋)	計程車
行李又多又重	○	△	△	○
只要便宜就好	△	○	△	×
只要輕鬆就好	○	×	△	○
沒時間，要快點	△	×	○	△

○=適合　△=還可以　×=不適合

中部的東西南北
馬上看懂

佐渡島

◉新潟機場
新潟

新潟縣

福島縣

渋溫泉

善光寺

栃木縣

富山縣

群馬縣

輕井澤

石川縣

白川鄉
合掌村

高山

松本城

長野縣

埼玉縣

下呂溫泉

岐阜縣

山梨縣

河口湖

東京都

東京◉

富士山

神奈川縣

犬山城

名古屋城

名古屋港

愛知縣

靜岡縣

◉靜岡

伊豆高原

中部機場✈

✈
靜岡機場

下田

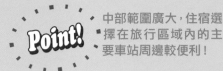

中部範圍廣大，住宿選擇在旅行區域內的主要車站周邊較便利！

我要住哪一區最方便？

名古屋：
匯集各交通系統的主要門戶，不論是在市區遊玩，或者配合周遊券玩合掌村、飛驒高山等跨縣旅行都相當方便。如果晚上也想血拼，而行程只在名古屋內跑，也可以選擇住宿在熱鬧的榮町附近。

靜岡：
鐵路、新幹線必經之地，有巴士可直達靜岡機場，地理位置靠近關東地區，如想串聯關東行程是個好選擇。

松本：
位在長野縣的中部，方便串聯上高地、諏訪湖、黑部立山等行程，飯店選擇也多，當地有國寶松本城等景點可遊玩，缺點是夜晚較沒地方可逛。

河口湖站：
相較於湖邊高昂的房價，車站附近住宿較低廉，前往富士五湖交通便利，也有巴士可達五合目登山口，許多欲攻頂富士山的人，會選擇落腳在此。

JR鐵路快譯通
中部地區JR鐵路分屬JR東日本和JR東海管轄，做行程規劃前不妨先參照鐵道路線圖，安排出較為合適的旅遊路線吧！

JR東海路線圖　JR東日本路線圖

Tips 中部地方其實還包含北陸三縣(富山縣、石川縣、福井縣)，品嘗名古屋美食，遊玩古都金澤，前往秘境合掌聚落，橫越壯麗的立山黑部，欣賞國寶松本城，都是很熱門的中部北陸玩法。

名古屋市區交通
放大看清楚！

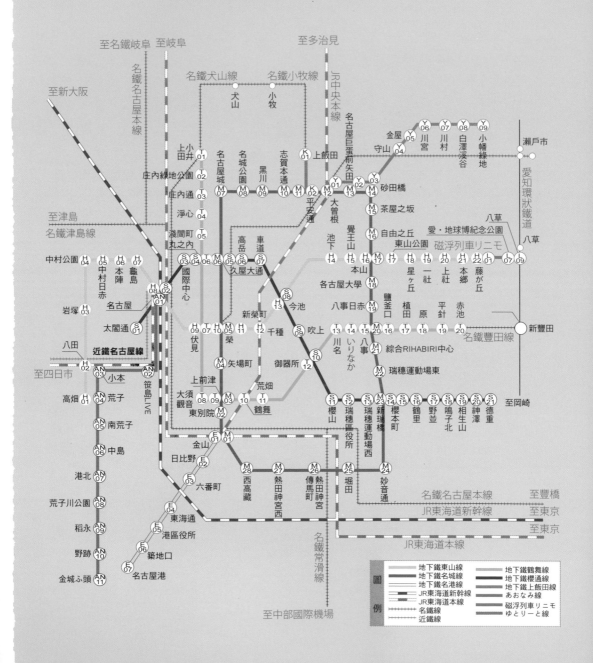

富士山交通攻略

一般登山都是從五合目開始。平常車子都能開到五合目，但7~8月登山季人潮混雜時，會限制車輛進入。這時若自駕需要至指定地點換搭巴士。若是從東京都內來到富士山地區，則可在各大車站轉乘巴士。決定登山路線後，也要了解如何銜接交通，以利後續行程的安排。

目的地	出發地	交通方式	時間	票價
富士宮口登山道 (富士宮口五合目)	新富士駅 富士駅 富士宮駅	富士急靜岡巴士	約2小時15分	單程￥2380 來回￥3100
	靜岡駅		約2小時10分	單程￥2600 來回￥4700
	三島駅	富士急行巴士	約2小時	單程￥2500 來回￥3000
吉田口登山道 (富士山五合目)	富士山駅 河口湖駅	富士急行巴士	約1小時	單程￥1570 來回￥2300
	新宿	富士急高速巴士 京王高速巴士	約2小時30分	單程￥2950
須走口登山道 (須走口五合目)	新松田駅	富士急湘南巴士	約1小時30分	單程￥2100 來回￥3400
	御殿場駅	富士急行巴士	約1小時	單程￥1570 來回￥2100
御殿場口登山道 (御殿場新五合目)	御殿場駅	富士急行巴士	約40分鐘	單程￥1130 來回￥1570

富士急靜岡巴士

富士急行巴士

京王高速巴士

富士急湘南巴士

有什麼優惠車票適合我？

	立山黑部阿爾卑斯、高山、松本地區周遊券 Alpine-Takayama-Matsumoto Area Tourist Pass	JR東日本鐵路周遊券(長野、新潟地區) JR EAST PASS（Nagano, Niigata area）	飛驒路周遊券 飛驒路フリーきっぷ
使用區間	JR東海道本線（名古屋~岐阜） JR高山本線（岐阜~富山） JR中央本線‧大糸線（名古屋~信濃大町） 富山地方鐵路線（電鐵富山站~立山站） 阿爾卑斯路線的多種交通工具（立山斜面纜車、立山高原巴士、立山隧道無軌電車、立山纜車、黑部斜面纜車、關電隧道電氣巴士、巴士）。	JR東日本新幹線（區域間） JR東日本線（區域間） 區域內的JR巴士（高速巴士、部分公車路線除外） 伊豆急行線全線、北越急行線全線、東京單軌電車全線 越後TOKImeki鐵道：直江津~新井區間 東武鐵道線（栗橋~鬼怒川、東武日光），下今市~鬼怒川；栗橋~下今市僅可乘坐與東武鐵道互通直達的特急列車（上車、下車車站非為JR線車站時無法使用）。	JR高山本線(飛驒金山~飛驒古川) 出發地至飛驒地區之特急飛驒號指定席來回車票 ‧高山~白川鄉巴士來回票（僅限濃飛巴士自由席）或高山~新穗高自由乘車券 ‧¥6,000計乘車兌換券（巴士與計程車擇一）
價格	台灣購買¥18600 日本購買¥19600 ※每年約3月中~11月初發售及兌換，4/15~11/10使用。	日本購買¥18000	名古屋出發計程車方案： 1人¥12,120、2人¥18,400、3人¥23,640、4人¥26,790 名古屋出發濃飛巴士方案： 1人¥12,370、2人¥18,660、3人¥24,950、4人¥31,240
有效時間	連續5日	連續5日	連續3日
使用需知	‧可免費劃位特急普通車廂指定席4次 ‧不能乘坐東海道新幹線及JR巴士 ‧不包含Home liner列車 ‧欲搭乘立山~扇澤的各種交通工具前，需在立山或扇澤的出站窗口出示本票券，取得乘車整理票。立山出發的立山斜面電車不需網路預約即可搭乘。	‧不限次數免費劃位新幹線、特急普通車廂指定席 ‧不可搭乘東海道新幹線 ‧「日光」號、「鬼怒川」號及「SPACIA鬼怒川」號全車所有車廂均為指定座席。如未兌換指定券則不可乘車。	‧使用多人票券全程需要同進同出，一起行動。 ‧搭乘當日只要於沿線合作設施出示票券，即可獲得各種優惠。 ‧4/27~5/6、8/10~8/19、12/28~1/6，日本重要的連假期間無法使用。 ‧購買票券時，需指定特急列車時間
售票處	**JR東海售票處：**東京、品川、新橫濱、名古屋、京都、新大阪、高山 **JR東海TOURS：**東京、品川、新橫濱 名古屋站 JR諮詢所	**JR東日本旅行服務中心：**成田機場全航廈、羽田機場第三航廈、東京、新宿、池袋、上野、品川、澀谷 成田機場第1、2、3航廈各站的JR綠色窗口	JR名古屋駅、使用區間內的主要JR車站和旅行社營業所
官網			
購買身分	非日本籍旅客，購買需出示護照。	非日本籍旅客，購買需出示護照。	無限制

富士山靜岡周遊券Mini Mt. Fuji-Shizuoka Area Tourist Pass Mini	伊豆多利夢乘車券 IZU Dream Pass	昇龍道巴士周遊券 SHORYUDO Bus Pass
JR東海道本線(熱海~豐橋) JR御殿場線(沼津~松田) JR身延線(富士~下部溫泉) 伊豆箱根鐵道(三島~修善寺) 富士急行巴士、東海巴士、伊豆箱根巴士、靜鐵JUSTLINE、遠鐵巴士等指定區間 Mt. Fuji Shimizu Port Cruise：清水港~土肥港之間、清水港港灣遊船(日出~日出之間＊不可在三保乘船下船)	伊豆急行線(伊東~伊豆急下田) 普通車的普通車廂自由席、特急列車普通車廂自由席單向搭乘 東海巴士(伊豆急下田站~堂島、堂島~土肥溫泉) 駿河灣渡輪(清水港~土肥港)單程1次 JR清水站~清水港間免費接駁車	名古屋~高山(名鐵巴士、濃飛巴士、JR東海巴士) 高山~白川鄉~金澤(北鐵巴士、濃飛巴士) 名古屋~白川鄉(岐阜巴士)自由乘降 名古屋~中部國際機場(名鐵電車)、金澤~小松空港(北鐵巴士)或富山~富山機場的兩枚單程乘車券
台灣購買￥4570 日本購買￥5080	黃金路￥3700	3日(高山・白川鄉・金澤路線)￥10000 3日(松本・馬籠・日本阿爾卑斯山路線)￥8000 5日￥14000
連續3日	連續3日	連續3日/5日
・此通票需走人工票口 ・不能搭乘指定席列車、東海道新幹線、寢台列車、水上巴士 ・僅能搭自由席，若欲搭乘特急列車的指定席，需另付費購買指定券。	・搭乘特急列車指定席或綠色車廂要另外支付費用 ・不可搭乘定期觀光巴士 ・若遇渡輪停駛，可改搭乘其他巴士往來土肥港-修善寺站之間。 ・另有山葵路￥3900、富士見路￥2800	・預約各大巴士需憑票至窗口預約 ・只能在海外購買，並在指定交換處兌換票券 ・搭乘名鐵電車往返於機場與車站間時，需先至窗口兌換電車車票
JR東海售票處：東京、品川、新橫濱、名古屋、京都、新大阪、熱海、三島、御殿場、新富士、靜岡、掛川、濱松、豐橋 **JR東海TOURS**：東京、品川、新橫濱、靜岡、濱松、名古屋、京都、新大阪 名古屋JR諮詢所 中部國際空港Central Japan Travel Center	清水港渡輪乘坐點 伊東站東海巴士詢問處 修善寺站東海巴士詢問處、 **伊豆急觀光**：伊豆高原站、伊豆急下田站 ※不同路線的發售地點不同。詳情請參看各路線的頁面	國內特約旅行社或JTB台灣網站購買，詳洽名鐵觀光服務株式會社
非日本籍旅客，購買需出示護照。	無限制	非日本籍旅客，購買需出示護照。

輕井澤草津溫泉
悠遊小旅行

舊銀座通　聖保羅教堂　雲場池
草津溫泉　避暑勝地

輕井澤蓊鬱的綠色森林與清新涼爽的氣候，吸引世界各地的名人，前來建造自己的渡假別墅，成為歐風情懷滿溢的避暑勝地。玩了一整天，晚上入住日本第一的草津溫泉，享受溫泉旅館的極致款待，一次蒐集長野、群馬兩大熱門景點。

DAY1

早
09:15 輕井沢駅
10:00 中輕井澤
石之教會
輕井澤高原教會
11:30 新‧舊輕井澤
聖保羅天主教堂

午
12:00 舊輕井澤銀座通
雲場池

晚
17:10 草津溫泉

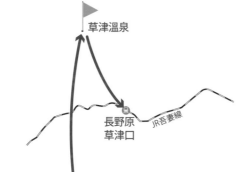

草津溫泉

長野原
草津口　　JR吾妻線

淺間山

中輕井澤
中軽井沢　　輕井澤
軽井沢

北陸新幹線

DAY2

早
09:30 草津溫泉
湯畑
熱乃湯
とん香／午餐

午
12:30 草津玻璃藏
西之河原公園

晚
17:30 長野原草津口駅

> 如果腳力OK，租台電動腳踏車暢遊中輕井澤、輕井澤更彈性！

輕井澤✕草津溫泉 一泊二日放鬆行程

Point! 新·舊輕井澤搭配中輕井澤，是最經典的輕井澤旅遊路線！

Start！ **DAY1**

輕井沢駅 JR線·信濃鐵道

09:15

¥470 搭巴士 17分

輕井沢駅北口搭乘西武巴士草津溫泉方向路線至湯川站下車，再徒步5分即達。

中輕井澤

10:00

石之教會

與自然合而為一的石之教會，如石穴般的入口讓人嘆為觀止！走近一看，由石頭砌成的牆面以優美弧線切出一塊又一塊天際，依著地形覆蓋整座教堂，陽光灑落時更是絕美夢幻！

Map Web

時間 10:00~17:00，若無儀式舉行即可自由參觀 **註** 教堂內部禁止拍照

出了石之教會往左的路直走200公尺左右即達

步行 3分

中輕井澤

輕井澤高原教會

同樣位在星野區域中的輕井澤高原教會，顯目的尖屋頂說明了輕井澤這裡的特殊氣候與歐化文化，源自1921年的教會隱身在美麗的樹林裡，夏天來玩十分蔭涼，隆冬降雪時期更是美麗。

時間 10:00~17:00，若無儀式舉行即可自由參觀；週日8:00~8:30舉行禮拜。

註 教堂內部禁止拍照

10:30

¥470 搭巴士 13分

走回巴士湯川站，搭乘西武巴士輕井澤方向路線，至舊輕井澤站下車，步行5分即達

11:30

新·舊輕井澤

聖保羅天主教堂

輕井澤的地標聖保羅天主教堂，是美國建築家安東尼雷蒙特所設計的木造建築，其對日本近代建築有莫大貢獻。三角形的屋頂是建築物的特徵，日本文學家堀辰雄曾在小說裡提到，吸引許多日本的明星在此舉行婚禮。

Map

時間 9:00~16:00(無禮拜或婚禮時可自由參觀)

Map Web

往回走至舊輕井澤銀座通

步行 5分

新·舊輕井澤

12:00

舊輕井澤銀座通

這條長約600公尺的紅磚道集結眾多美食餐廳、服飾小店、特色咖啡廳、伴手禮品店,附近景點只要步行皆可抵達,不妨計劃逗留半天的散策旅行。其中CHURCH STREET百貨以餐飲店和咖啡廳為大宗,想吃什麼通通有。SAWAMURA BAKERY&餐廳則可品嘗美味義式料理~

時間 店家營業時間各異

Map

Web

來到輕井澤怎能不買果醬?
Cerfeuil、澤屋都是人氣果醬專賣店~

Café Restaurant Paomu的
輕井澤布丁和牛奶生起司蛋
糕,是輕井澤必吃的甜點!

步行 15分

沿舊中山道直走,
至雲場池通右轉再步行一小段路即達

新·舊輕井澤

14:30

雲場池

雲場池初夏的綠葉與蔚藍的天空真是讓人無法形容的美,而時序轉入秋天之際,深秋的紅葉倒映在水中彷彿一幅名畫,冬季樹梢結上潔白冰霜,聖潔無比。池塘周圍有約一公里長的環遊步道,提供遊客邊散步邊欣賞輕井澤的四季之美。

時間 自由參觀

Map

Web

步行 20分

沿雲場池通
散步回輕井澤站

¥2,990～ +tax

若不打算前往草津溫泉,可至輕井澤王子Outlet大買特買~

15:50

¥2240

搭巴士 80分

輕井澤北口前，搭乘草輕交通巴士，至草津溫泉下車

草津溫泉

17:10

草津溫泉

晚上可欣賞夜之湯畑，光線與湯煙交織，迷幻又浪漫～

走訪日本溫泉鄉，就屬草津最為特別！以「泉質主義」為號稱的草津溫泉鄉，擁有6種來源不同的豐沛源泉，對於神經、肌肉和疲勞復原有相當的療效。草津溫泉的住宿和泡湯的選擇也很多，從西式度假飯店到高級和風旅館，應有盡有，可依預算和住宿需求挑選。

Map

Web

住宿推薦

草津飯店

百年歷史的草津飯店，旅館為三層樓木造建築館，外觀還保留著創業當時厚實沉穩的模樣，館內處處飄逸著大正浪漫時期所遺留下來的懷舊氣氛。

Map

交通 草津溫泉巴士站徒步12分，或可在抵達巴士站後致電請飯店人員接送

Web

時間 Check-in 14:00~18:00、Check-out ~10:00 **價格** 一泊二食，每人約¥19800起

住宿推薦

奈良屋

奈良屋是草津溫泉上的老舖和風旅館，提供的溫泉是草津6大泉源中最古老的白旗泉源，泉中不加水稀釋降溫，可以體驗到最原汁原味的溫泉。

Map

交通 草津溫泉巴士站徒步5分 **時間** Check-in 15:00~18:00、Check-out ~11:00 **價格** 一泊二食，每人¥26235起

Web

Goal !

這裡有販賣被稱為「湯之花」的溫泉結晶，湯畑產的價格較貴。

DAY2

Start!

草津溫泉
湯畑
09:30

草津的溫泉街以溫泉源泉引流的湯畑為中心，許多小店舖繞著湯畑發展，可以在這裡慢慢逛上一圈，感受溫泉街風情。有趣的是，湯畑每分鐘湧出4000公升的溫泉水，再用竹製水管將溫泉水送往各個溫泉旅館，是草津溫泉的靈魂要角。

時間 自由參觀

位在湯畑斜對角，十分好認

步行 **1**分

草津溫泉
熱乃湯
10:30

由於草津源泉溫度極高，當地人又不願稀釋溫泉、降低療效，因此自古以來延伸出使用長木槳攪拌、使溫泉降溫的獨特方法。熱乃湯是個將此一傳統以「湯もみと踊りショー」表演方式讓旅客體驗之地。

時間 9:30、10:00、10:30、15:30、16:00、16:30，一日6場、每場20分鐘

價格 入場費大人¥700、小孩¥350；湯揉體驗另加¥300(週日、週一限定場次，體驗時間11:30~13:00)

步行 **5**分

沿中央通向南步行，右手邊即是

草津溫泉
とん香
11:30

豬排專賣店とん香在草津非常有名，使用的是自家產的麵包粉，炸豬排時使用低溫油炸，炸起來不油不膩、軟中帶嫩，豬肉是使用日本數一數二的群馬縣產豬隻，配菜所使用的是當地所產名叫「419」的高麗菜，甜味足夠，相當爽口好吃。

時間 11:00~13:30、17:00~19:30

休日 週三(連假、暑假等期間會調整)　價格 ヒレかつ定食(炸菲力豬排套餐)¥1870

沿中央通附近的しゃくなげ通り直走，
遇到「人」字交叉口，往西的河原通方向走即達

步行 8分

12:30

草津溫泉
草津玻璃藏

草津溫泉玻璃的由來，是將溫泉湯花加入玻璃，創造出色彩柔和的玻璃製品，可做為伴手禮。

Map

草津玻璃藏共有三個館，一號館展示及販賣玻璃工藝家的作品，門口還有好吃溫泉蛋。二號館是展示販賣彩色玻璃珠作品和體驗，三號館則是展示販賣玻璃首飾工藝品。

Web

時間 9:00~18:00 **註** 體驗活動現因疫情緣故暫停

步行 5分

沿西の河原通步行即達

14:00

草津溫泉
西之河原公園

西之河原公園隨處可見的一窪窪小水池，這裡頭不時冒煙，不時傳來硫磺味，都是不折不扣的溫泉呀！走走逛逛，可以再到西之河原大露天風呂，在自然風景之中泡泡草津溫泉，感受最原始的野味草津。

Map

Web

時間 4~11月7:00~20:00(入館至19:30)、12~3月9:00~20:00(入館至19:30) **價格** 大人￥600、小孩￥300

返回旅館拿行李，
再前往巴士站

步行 15分

別忘了在西の河原通買一波伴手禮，草津溫泉煎餅、溫泉饅頭最是推薦。

16:58

￥710

搭巴士 30分

草津溫泉巴士站搭乘JR關東巴士，
至長野原草津口駅下車

17:30

長野原
草津口駅
JR線

Tips 也可從草津溫泉搭乘高速巴士返回東京各地，車程約3個小時

Goal !

長野文化薰陶小旅行

善光寺　七味粉　信州蕎麥麵
猴子泡湯　湯田中渋溫泉

日本國寶善光寺是長野市最具有代表性的重要景點，吸引海內外旅客前來造訪。下午搭乘長野電鐵，走一趟湯田中，見證猴子泡湯奇景，入住已有1300年歷史的渋溫泉，享受長野市歷史文化的一日薰陶。

早
09:30 長野駅
10:00 善光寺
　　　八幡屋礒五郎
　　　四季食彩YAMABUKI

午
15:00 地獄谷野猿公苑
16:30 渋溫泉

北陸新幹線

長野電鐵

湯田中
渋溫泉
地獄谷
野猿公苑

善光寺
善光寺下
長野

長野市三大重點 一天跑透透行程

> 買張雪猴周遊券，長野電鐵、長電巴士搭到飽～

Point! 長野站和善光寺間步行約需30分鐘，建議去程搭巴士或電車，再一路買買逛逛散步回來！

Start！

09:30 ¥150 **長野駅** JR線・長電鐵

長野站善光寺口1號乘車處搭乘Alpico交通公車，至善光寺大門前下車，繼續朝善光寺方向前進。

搭巴士 10分

若要蒐集七福神朱印，去程改為步行較順路。

10:00

善光寺

善光寺是座無教派佛寺院，創建於西元644年，也被稱為『信州善光寺』或『信濃善光寺』。所供奉的是阿彌陀如來、觀音菩薩以及大勢至菩薩，稱為「善光寺阿彌陀三尊」。在正殿的神座下方有一條伸手不見五指的漆黑通道「戒壇之路」，傳說摸黑走到神座下方，便可以摸到「極樂之鑰」，摸到的人死後就可以前往極樂淨土。

時間 本堂內陣參拜4~10月朝事前1小時~16:30，3、11月~16:15，12~2月~16:00，山門・經藏拜觀9:00~16:00 **休日** 無休 **價格** 境內自由參拜，參拜券¥600(本堂內陣、戒壇之路、善光寺史料館)，參拜券¥300(經藏)

 Map

 Web

仁王門旁的すや龜，可吃到風味獨特的味噌霜淇淋～

步行 2分 穿越仁王門後，不遠即是

11:00

八幡屋礒五郎

創業兩百年的八幡屋礒五郎是間七味辣椒粉專賣店，店內有許多不同種類的辣椒粉。七味辣椒粉顧名思義除了辣椒外，還添加了6種不同的天然香料，吃起來除了辣之外，還有獨特的香味，可說是善光寺參拜的最佳伴手禮。

 Map

Web

時間 9:00~18:30 **價格** 七味唐からし「中辛/缶-14g」(七味唐辛子「中辣/罐裝-14g」)¥432起

斜對面老舖長野風月堂販售的玉だれ杏，酸甜的滋味讓人無法忘懷～

步行 3分 往善光寺大門巴士站方向前進，穿越大路口後就在左手邊

11:30

善光寺

四季食彩YAMABUKI

以展現信州地產美味的YAMABUKI，開業已經超過10年，是相當受在地人喜愛的一家餐廳。來這用餐推薦套餐式料理，不但可以嚐到信州知名季節美味、蕎麥麵等，甚至也有套餐包含信州牛。同時提供蕎麥麵、信州牛排等單點料理。

Map

Web

時間 11:00~15:00，17:00~ 休日 不定休 價格 午餐￥1580起，套餐￥3850起

沿舊北國街道散步回車站取行李

步行 20分

13:00

若利用長野電鐵前往，有機會可搭乘雪猴號特急喔！

車站前的百貨MI DO RI 2樓「信州おみやげ參道」集結信州知名店家，買不夠這裡還可以補貨。

Tips 巴士站附近有許多店家提供行李寄放服務，不分大小一件約￥500

￥1500

搭巴士 42分
長野駅東口23・24乘車處，搭乘長電巴士志賀高原線，至スノーモンキーパーク站下車

步行 30分
從巴士站走湯道遊步道即達

15:00

地獄谷野猿公苑

Map

Web

野猿公苑是世界唯一一處猴子泡溫泉的公園，這裡的猴子全部都是野生猴，目前約有300隻，沒有任何柵欄，猴子們在這裡生活的非常自在，寒冷的冬天裡，還可以看到猴子泡在溫泉裡取暖，人模人樣相當可愛。來這裡千萬不可以觸碰牠們或跟牠們講話，猴子會誤以為被攻擊反來攻擊你喔！

時間 夏季(約4~10月)8:30~17:00、冬季(約11~3月)9:00~16:00 價格 大人￥800、6歲~未滿18歲￥400

回到巴士站

步行 30分

16:00

小猴子乖乖地窩在媽媽懷裡，超級萌！

￥190

搭巴士 4分
搭乘長電巴士上林線，至渋和合橋站下車即達

16:30

旅館皆售有巡浴祈願手帕，集完9個印章後，到高藥師和光庵參拜就可以許願，手帕還可以帶回家作紀念～

渋溫泉

 Map

 Web

渋溫泉的歷史至今已有1300年，傳說是由一位高僧在各地巡禮參拜時所發現的，共有9個外湯，每個外湯都針對不同病狀各有療效，來此住宿時旅館都會免費借給客人一把鑰匙，拿著這把鑰匙就可以去其中9個外湯泡溫泉，因為「苦」的日文跟數字9的日文發音一樣，據說泡完9個溫泉就可以洗淨所有苦痛。

住宿推薦

古久屋

擁有6種不同湯質溫泉，是旅館中獨有特色。

400年悠久的溫泉旅館歷史，讓古久屋飄散一股不平凡的雅緻氣息。館內除感受日本高雅傳統氛圍旅宿外，設有8個溫泉設施，可以盡情享受不同湯質的療癒與溫暖。

 Map

 Web

交通 長電巴士「渋和合橋」站下車徒步2分 時間 Check-in 15:00，Check-out 10:00 價格 一泊2食每人￥23100起(2人一房)

住宿推薦

金具屋

金具屋旅館是間歷史悠久的旅館，昭和11年所建的齊月樓，耗費3年時間建造而成，木造4層樓的建築，現在在日本也很少見，登錄為國家有形文化財，同時也是神隱少女的油屋發想地之一。

 Map

 Web

交通 長電巴士「渋和合橋」站下車徒步2分 時間 Check-in 15:00～、Check-out ~10:00 價格 一泊2食每人￥18700起(2人一房)

Goal !

松本城下町 一日款待

松本城　　草間彌生　　國寶
舊開智學校　　繩手通

松本以町下之町繁華，來到這裡可千萬不能錯過以老房舍串聯起來的中町，以這一帶為中心遊逛，連接松本城與繩手通，沉浸在松本的老氣氛裡，順便至日本最古老的校舍晃晃，享受城下町的極致款待。

早	**09:00** 松本駅 **09:20** 松本市美術館 **11:30** みよ田／午餐
午	**12:30** 度量衡資料館 **13:00** 繩手通 **14:00** 松本城 **16:00** 舊開智學校 **18:00** 松本駅

舊開智學校
松本城
繩手通
度量衡資料館
JR篠ノ井線
北松本
松本
松本
みよ田
松本市美術館
松本電鐵

雙國寶串聯 松本市區暢遊行程

長野第二城的松本，也是前往上高地、黑部立山的必經之地。

Point! 松本周遊巴士Town Sneaker巡迴松本城、松本市美術館、舊開智學校等景點，有機會可搭到以草間彌生理念設計的點點亂舞巴士呢！

Start！

`09：00`

🚌 松本駅
JR線

步行 **12**分

松本駅東口出站，
順著車站前大路直走1公里即達

美術館內連飲料販賣機也是獨一無二的點點造型。

`09：20`

松本市美術館

松本市美術館收藏了豐富的當地藝術家作品，深受台灣民眾喜愛的水玉女王「草間彌生」出生於松本，館內藏有多幅他的畫作，館外的大型裝置藝術更是拍照打卡的景點，不管是不是草間迷，來到松本市美術館絕對能讓人大開眼界。

 Map

(時間) 9:00~17:00 (休日) 週一，年末年始 (價格) 大人¥410，大學高中生¥200，中學生以下免費（特別展覽另外收費）

 Web

往車站方向行走，
遇本町通右轉直走，左手邊即是

步行 **10**分

`11：30`

みよ田

若想要品嚐道地的信州料理，十分推薦來到排隊名店みよ田內，品嚐「投汁」蕎麥麵。信州地區是日本的蕎麥麵名地，有別於一般冷冷吃的沾汁蕎麥麵，投到熱鍋中燙一燙的「投汁」在這寒冷地帶十分受歡迎。

Map

Web

(時間) 11:30~15:00(L.O.14:30)，17:00~20:30(L.O.20:00) (休日) 週四、週日晚上 (價格) 投汁そば ¥1680起

沿本町通直走，
遇中町通右轉直走一小段即達

步行 **10**分

12:30 度量衡資料館

日文的「はかり」指的就是度量衡，在當時信州東南方該店是度量衡工具的第一把交椅，所以店家位置也幾乎就位於中町的正中央。館內收藏有多數從前使用的測量工具，除了普通的量米斗、秤重量的天平外，還有辨別蠶寶寶公母的道具，讓大家可以一邊參觀一邊遙想江戶時代的市井風光。

時間 9:00~17:00 **休日** 週一、年末年始 **價格** 大人￥200，中學生以下免費

中町一帶是古時候松本城下町的市井中心，這邊有著多間由老藏（倉庫）改建的店面或是餐廳，可以慢慢悠遊。

步行 2分 中町通與繩手通僅隔一個路口，往松本城方向前進，過河後的水平道路即是繩手通。

13:00 繩手通

繩手通又被稱為「青蛙之町」，這是因為女鳥羽川流經此處，早年污穢不堪，經過居民們整頓，並設置了「青蛙大明神」希望早日恢復清流樣貌而得名。繩手通上商家林立，入口處的四柱神社境內綠蔭蒼蒼，是松本市民們非常親近的休閒去處。

時間 各店家營業時間不同，多半5點左右關門

步行 7分 沿大名町通直走到底右轉，再沿松本城公園外圍行走至入口

本丸庭園內，可以跟穿著武士、公主服飾的「おもてなし隊」合照！

松本城 `14:00`

松本城是現存最古老的日本城池，從護城河拍攝到黑白分明的松本城，遠處有日本阿爾卑斯山脈的雪線作為映襯，是最著名的松本市大景。由於攀登天守閣的人潮會很多，上下來回會超過1小時，這邊要盡量把握時間，想在外圍拍照，等登城後再説吧！

  Map

 Web

時間 8:30~17:00，最後入場時間16:30 **休日** 12/29~12/31 **價格** 大人￥700，中小學生￥300

步行 **10分**

出城後，朝松本神社前交叉路口行進，右轉繼續直走經開智學校後即達

`16:00`

舊開智學校

 Map

Web

融合了和洋風格的開智學校校舍是日本最古老的小學校舍之一，如今已經被列為國寶。在建造當時，工人日薪只有20錢、縣知事的月薪也不過20日圓，但建造校舍的工程款竟然高達一萬一千日圓，其中有七成都是由市民們捐款，可見市民們對開設學校寄予了多大的期待。雖然現在因為耐震工程預計休館到2024年中旬，但仍可以在旁邊的休息區透過透明圍欄欣賞這棟具有歷史的洋風國寶。旁邊的舊祭司館與販賣店依舊有開放，就算無法到校舍裡參觀，也還有小規模的介紹讓我們了解這間學校的古老歷史！

內部展覽是以一間一間教室為空間

`17:30` **￥200**

舊開智學校前公車站，搭乘松本周遊巴士北コース路線，至松本駅下車

搭巴士 **14分**

時間 9:00~17:00 **休日** 3月~11月休第3個週一、12月~4月休每週一、12/29~1/3 **價格** 大人￥400，中學生以下￥200

🚌 松本駅 JR線

`18:00`

一旁的松本市舊司祭館是目前長野市內保留下來最古老的宣教師館！

串聯白骨溫泉來個一泊二日旅行也不錯！

Goal！

富士山腳下一日旅行

富士山　河口湖　富士見百景
忍野八海　kachikachi山纜車

在許多國外人士印象中，最具代表性日本風景莫過於白雪皚皚的富士山，要想親近富士山，用自己的雙眼見識這座日本人精神信仰的聖山，就得走趟山梨縣。一天遊覽新倉山淺間公園、忍野八海、河口湖，將滿滿富士美照帶回家。

| 早 | **10:00** 富士山駅 |
| | **10:30** 忍野八海 |

餺飩不動／午餐

| 午 | **14:30** 天上山公園 |
| | 河口湖遊覽船 |

| 晚 | **17:00** 新倉山淺間公園 |
| | **18:00** 下吉田駅 |

河口湖　天上山公園　富士急大月線

新倉山淺間公園

河口湖　下吉田

富士急樂園

富士山

忍野八海

↓往 ◎ 富士山

暢遊富士五湖，先到富士山駅・河口湖駅轉乘路線巴士就對了！

三大賞景區串聯 快閃富士山推薦行程

Point!

前往富士山的交通方式，可依需求選擇高速巴士、直達列車，或是一般列車，運氣好的話有機會搭到可愛的彩繪列車喔！

Start！

10:00

富士山駅
富士急行鐵道

若有時間，富士山駅步行10分鐘距離的金鳥居值得一看！

¥400

搭巴士 15分
搭乘富士急行巴士御殿場方向路線，至忍野八海/忍野八海入口下車，步行5分即達

10:30 忍野八海

忍野八海，這個可眺望富士山、有著8個清澈湧泉池的村子，是富士山雪水融化流入地底後、歷經數十年再度從這裡緩緩流瀉而出，村內外錯落的泉池讓這裡不但清淨優美，也是數百年前「富士講」的靈修之處。

時間 自由參觀，全年無休

步行 5分
走回巴士站

湧池是忍野八海中泉水量以及景觀最壯闊的池子！

12:25

¥590

搭巴士 25分
搭乘富士急行巴士河口湖方向路線，至河口湖駅下車，車站對面即是

餺飩不動

 Map
 Web

餺飩類似烏龍麵為手打麵的一種，咬來香Q有嚼勁，是常見的富士五湖鄉土料理。不動餐廳使用自家製的麵條，將新鮮麵條下鍋烹煮後加點味噌，再放入南瓜、香菇、蔬菜等，一碗營養滿分的山梨麵點就上桌囉。

13:00 ￥160

時間 11:00~19:00(平日16:00後需電洽確認閉店時間) **價格** 不動ほうとう(招牌餺飩麵)￥1210

搭巴士 11分 河口湖駅前，搭乘河口湖周遊巴士至遊覽船・山纜車下車，徒步3分

14:30

天上山公園

 Map
 Web

搭乘纜車登上高1075公尺的展望台，碧綠的河口湖、似近又遠的富士山、火柴盒般的富士吉田市街，都在眼前；天氣晴朗時，更遠的南阿爾卑斯連峰、山中湖等也盡收眼底。來到山頂還可購買限定的富士山造型仙貝與兔子神社御守，可愛的外型相當討喜。

時間 纜車9:00~16:00(依季節而異)，湖畔駅~富士見台駅約3分 **價格** 纜車來回大人￥900，小學以下￥450

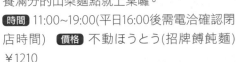

別忘了一嚐「たぬき茶屋」的可愛富士山烤團子

步行 2分 下山後，往河口湖畔步行即達

Tips 建議購買山纜車・遊覽船套票￥1600，另有其他搭配選擇～

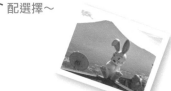

纜車乘車處旁，有間Fujiyama Cookie專賣富士山造型的餅乾，是河口湖的知名伴手禮之一！

Map

Web

河口湖遊覽船 15:00

自2020年末新啟用的河口湖觀覽船「天晴」，以戰國時期的安宅船為原型，裝飾著象徵武田水軍的「武田菱」與「赤備」，是兼具華麗與威武的和風設計。在古時由武田家掌管的山梨縣遊船欣賞湖面風光，別有一番懷古風情。

時間 9:00~16:30(依季節而異)每30分1班 **價格** 大人¥1000、小孩¥500

¥160

搭乘河口湖周遊巴士，回河口湖駅

搭巴士 13分

河口湖駅 富士急行鐵道 16:35
¥310

搭乘富士急行線 搭電車 13分

河口湖駅販售許多伴手禮、美味的鐵路便當～

下吉田駅 富士急行鐵道 16:50

出站後隨指標或人潮行走，淺間神社後方即是

步行 7分

17:00 新倉山淺間公園

淺間公園位於新倉山的山腰，雖然397個台階是個小挑戰，但一旦克服便能將富士吉田市的風光盡收眼底。在此處拍攝富士山是最優美的正面姿態，無論背景是春櫻冬雪，富士山與忠靈塔的合照總是遊人們最樂此不疲的構圖方式。

時間 自由參觀

Map

Web

富士見百景的人氣拍攝景點！

步行 7分

欣賞完夕陽美景，走回車站

18:00 **下吉田駅** 富士急行鐵道

Goal!

伊豆半島
一泊二日

 水豚泡湯　伊豆高原　下田
培里之路　城崎海岸

伊豆半島是日本著名的度假勝地，不妨來場一泊二日小旅行，欣賞壯闊的城崎海岸風景，沉浸在伊豆高原的優雅氛圍之中，順道與可愛水豚近距離接觸；第二天漫步在濃厚南國情調的港町──下田，一探幕末開港的重要歷史舞台。

DAY1

 早　09:30 伊豆高原駅
10:00 城崎海岸

 午　**12:00 伊豆高原**
おおむろ軽食堂／午餐
伊豆仙人掌動物公園
泰迪熊博物館
KENNY'S HOUSE CAFE

 晚

17:30 住宿

DAY2

 早　10:00 伊豆高原駅
11:00 下田
寝姿山下田纜車

 午　12:00 小川家／午餐
培里之路
下田港遊船
邪宗門
下田時計台 普論洞

 晚　**17:00 伊豆急下田駅**

JR 伊東線
伊東
城崎海岸
伊豆高原
伊豆高原
伊豆半島
伊豆急行
相模灘
伊豆急下田
下田

東京駅搭乘JR特急「踊り子号」，可直達伊豆高原駅、下田駅等。

東伊豆‧南伊豆 定番景點攻略行程

Point!

伊豆半島幅員廣大，各大景點都有鐵道列車相連，到了當地後除了在車站周邊用徒步行動外，也可利用巴士進行景點的串聯。

Start! ‧ **DAY1**

09:30　伊豆高原駅　伊豆急行鐵道

¥250　搭巴士 **10**分

登上門脇燈塔眺望海岸線。

伊豆高原駅前搭乘東海巴士伊豆海洋公園方向，至伊豆海洋公園下車，徒步14分即達

10:00

城崎海岸

4千年伊豆半島火山噴發，造就了城崎礁石嶙峋的海岸地形。沿著海岸步道，可以欣賞到猙獰礁石以及驚濤拍岸的景色，步道約2公里，來回得花上40分鐘，可到跨海的門脇吊橋體驗浪花在腳下拍打的刺激感，或從門脇燈塔登高望遠。

〔時間〕自由參觀(燈塔內部現因疫情關係不開放)

Map

Web

伊豆海洋公園巴士站搭乘往伊豆仙人掌公園方向巴士，至伊豆仙人掌公園下車，再徒步至大室山纜車站。

¥480　搭巴士 **26**分

伊豆高原

12:00

おおむろ軽食堂

大室山纜車站前的おおむろ軽食堂，將伊東一帶的山產與海味，做成美味的家庭料理，魚鮮主要來自伊東港的新鮮海味、野菜則以當日朝市的地產蔬果，高湯採用伊東有名的柴魚提鮮，讓道道料理既美味又具在地特色。

〔時間〕10:00~16:00　〔休日〕纜車運休時　〔價格〕午餐套餐¥1463起

Map

Web

每道料理都是以套餐方式呈現，首先呈上季節野菜做的拼盤前菜。

步行 **4**分　走回巴士站，再繼續向前進即達

13:00

伊豆高原
伊豆仙人掌動物公園

位在大室山腳下的仙人掌動物公園，廣大的園區裡有多達1,500種仙人掌、超過120種的動物們在園區裡，這裡有些動物採無柵欄的放飼狀態，在園區走著走著，就會迎面而來幾隻孔雀或是松鼠猴，連白鵜鶘也大搖大擺從身邊經過，相當適合親子在這裡待上大半天。

 Map

 Web

[時間] 9:30~16:00 [價格] 大人
¥2600，小學生¥1300

喜歡大自然的你，也可以選擇登上大室山觀賞360度美景！

冬季限定的水豚泡湯秀絕對不能錯過！

14:40

¥360

搭巴士
20分

搭乘往伊豆高原駅方向巴士，
至伊豆高原駅下車，步行9分即達

15:15

伊豆高原
泰迪熊博物館

紅磚建築的伊豆泰迪熊博物館，在大門口有巨型泰迪熊站崗，歡迎遊客前來造訪。館內收藏了近一千隻古董泰迪熊、包含迷你泰迪熊、世界各地創作的泰迪熊，還有會活動的「泰迪熊工廠」等，逛完一圈，馬上就能變成泰迪熊通。

 Map

Web

[時間] 9:30~17:00(入館至16:30)
[休日] 2、3、12月的第2個週二、6月第2個週二~三
[價格] 大人¥1500、國高中生¥1000、小學生¥800

也可以去人形美術館，欣賞來自世界各國的娃娃收藏品~

就在泰迪熊博物館隔壁

步行 1分

16:30

伊豆高原

KENNY'S HOUSE CAFE

Map

Web

Kenny's House cafe位在伊豆高原泰迪熊博物館、人形美術館等博物館集中區，適合在參觀完博物館之後，坐下來喝杯咖啡小歇一會兒。店內最受歡迎的是使用每天從牧場直送、100% 純鮮奶製成的霜淇淋。

時間 10:00~17:00 **休日** 週四

價格 霜淇淋￥520、咖哩飯套餐￥1360

17:30

住宿推薦

花吹雪

位在4千坪國家公園境內，花吹雪只有17間客房，7間溫泉浴場各異其趣，其餘全為茂密的樹林。彷若隱匿在森林中的小屋，客房、溫泉以及餐廳分散在林中各處，創造出童話般的世界，讓旅客忘卻繁囂，在大自然裡沉醉。

Map

Web

交通 伊豆高原駅徒步10分
價格 一泊二食每人￥26400起

住宿推薦

伊豆一碧湖飯店

在一碧湖飯店特別重視「香氣」，大廳點著薰香精油，讓旅客一進門就感到身心放鬆。溫泉有大浴場、露天風呂，還有寬廣的室內泳池，而女生最愛的SPA當然也不可少。

Map

Web

交通 伊豆高原駅搭乘東海巴士，至「一碧湖遊步道口」下車徒步5分。 **時間** Check-in 15:00~，Check-out 10:00 **價格** 附早餐每人￥5720起

Goal！

DAY2

Start!

伊豆高原駅
伊豆急行鐵道

10:00 ¥1210

搭乘伊豆急行線，至伊豆急下田駅下車

搭電車 **41**分

伊豆急下田駅
伊豆急行鐵道

步行 **1**分

出站即可看見纜車搭乘處

 下田

11:00 寢姿山下田纜車 Map

往中島橋方向前進，沿マイマイ通り直行，至欠乏所跡前路口左轉，再步行240公尺即達

步行 **15**分

寢姿山的外型看來彷彿一位女性仰睡的睡姿，因而得名。纜車全長540公尺、高低差156公尺，搭乘纜車登上山頂只要約3分半，可將黑船停泊的下田港、遠方雄偉的天城連山盡收眼底，頗有海闊天空的感受。

Web

下田

12:00 小川家

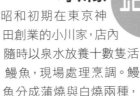

昭和初期在東京神田創業的小川家，店內隨時以泉水放養十數隻活鰻魚，現場處理烹調。鰻魚分成蒲燒與白燒兩種，排入漆盒中的鰻魚飯則是人氣第一。老闆數十年來堅持製作最美味的鰻魚，吸引饕客遠道而至。

時間 8:45~16:45(末班：上山16:15、下山16:45)，依季節調整
價格 纜車來回大人¥1250、小孩¥620

Map

時間 11:00~14:00，週末11:00~14:00、16:30~18:00 **休日** 土用丑日(每年日期不定，落在7月下旬)、1月1~2日 **價格** うな重(鰻魚飯)¥3800起

步行 **3**分

往小川家右前方小路前進，看到「黑白格紋的海鼠壁」的舊澤村邸即是培里之路起點。

13:00

下田

培里之路 Map

沿平滑川敷設的培里之路，石板鋪成的散步道從了仙寺一直延伸至港口，清淺的平滑川上頭跨越了數座復古小橋，走過小橋，對岸的歐風建築內有的是咖啡店，有的販賣飾品雜貨，五花八門的個性商品讓人忘卻時間。

Web

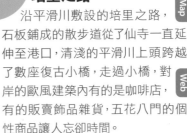

步行 17分

14:00

下田

下田港遊船 黑船 Susquehanna

Map

Web

氣派的帆船造型模仿當年美軍來襲的黑船,在下田港內相當引人注目,沿途可領略港町的天然風光,遠眺寢姿山、海岸街景,並參觀培里艦隊下錨的地方,在感受海景之美的同時,更可一探幕末開港的重要歷史舞台。

時間 9:10~15:30約30~40分1班,航程約20分 **價格** 大人¥1400、小孩¥700,2F展望室加¥500

沿東伊豆道路行走,
過橋後第四個路口左轉,遇路口再右轉即是

步行 11分

15:00

下田

邪宗門

Map

Web

走過半世紀、由古民家改成的咖啡空間,可説是下田市最知名也最熱門的咖啡館去處。幽暗的室內空間氛圍中,妝點著滿滿的各式骨董老件、繪畫,點一杯咖啡、一塊手工蛋糕,慢慢地享受一個人的下田老時光。

時間 10:00~16:00 **休日** 週三、週四
價格 美式咖啡¥550

走回車站前

步行 6分

16:00

下田

下田時計台 普論洞

Map

Web

下田時計台普論洞融合購物與餐廳、咖啡,是許多旅人離開下田前必訪的購物點,伴手禮以精選「逸品」好物為主軸,提供干物、金目鯛的各式商品、高級紅茶甚至是黑船相關人氣商品黑饅頭等。

時間 9:30~17:30

17:00

伊豆
急下田駅
伊豆急行鐵道

Goal！

佐渡島
二日慢旅行

佐渡金山　小木盆舟　淘金
佐渡島　世外桃源

佐渡是日本海側新潟縣的一個小島，曾經以黃金礦業輝煌300多年，沒有過多的外在影響，島內保存了許多文化瑰寶。少受外來物質打擾，佐渡今日仍以清新的氣息吸引著人們，就來到島上放慢腳步，隨意走走，感受島上最自然的風，與最純樸的民情。

DAY1

早
09:00 新潟駅
10:45 兩津港

午
12:00 夫婦岩／午餐
14:00 小木港盆舟
14:45 宿根木
16:00 西三川黃金公園

晚
18:00 佐渡Resort Hotel吾妻

DAY2

早
09:30 佐渡Resort Hotel吾妻
10:00 尖閣灣揚島遊園
11:00 佐渡金山

午
13:00 兩津港／午餐
16:00 新潟駅

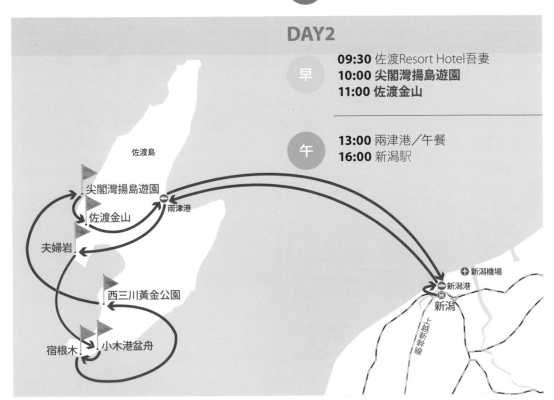

佐渡島
尖閣灣揚島遊園
佐渡金山
兩津港
夫婦岩
西三川黃金公園
宿根木　小木港盆舟
新潟機場
新潟港
新潟
上越新幹線

佐渡島一泊二日這樣玩 自駕暢遊行程

造訪佐渡島體驗淘金樂趣～

Point!
想要到佐渡，最方便的便是搭乘新幹線至新潟，再至港口搭乘渡輪，光是交通就要花上半天，最好是搭乘早上的班次，或是提前一晚至新潟住宿。

Start! **DAY1**

I ♥ 佐渡

09:00 ¥210 新潟駅 JR線

搭巴士 17分

新潟駅万代口搭乘新潟交通佐渡汽船線，至佐渡汽船站下車

Tips
兩津港邊有多家租借汽、機車的店舖，下船後可以隨處比價，但若是遇到旅遊旺季，最好還是先上網預定。

09:40 新潟港 佐渡汽船

Tips
另有渡輪¥3370起，船程約2小時30分。

¥7460 搭船 65分

搭乘噴射汽船Jetfoil，至兩津港下船
(價錢可能因燃油價格產生波動)

10:45 兩津港 佐渡汽船

開車 50分

於夷二ノ町交叉口轉國道350號，過窪田交叉口後右轉接縣道45號，再接續縣道31號，在下戶交叉點處左轉，沿著海岸開約5公里即達。

盆舟原是島民為方便捕捉海鮮而設計出方便於岩石間活動的交通工具！

12:00

夫婦岩
七浦海岸奇岩怪石臨海而立，其中夫婦岩一陰一陽的奇妙組合則讓人看得嘖嘖稱奇。除了奇妙的海蝕地形之外，這裡的夫婦岩Drive Inn提供各式土產，附設的餐廳也有許多鄉土料理，秋冬看到成排的曬柿干，充滿在地風情。

開車 50分

走縣道45號往河原田町方向，右轉接續國道350號，一直開約25公里即達。

Map

14:00

小木港盆舟
小木港是佐渡對外聯絡的另一個港口，來到這裡，不但有食堂、賣店，更是要來體驗「神隱少女」裡的盆舟！力屋觀光汽船不但經營周邊的觀光遊覽船，更在平靜的內港直接擺起盆舟，讓每個觀光客不論晴雨皆可體驗佐渡盆舟的魅力。

Web

Map

Web

時間 8:00~17:00，午餐11:00~14:30
價格 海鮮丼¥1,500、ブリカツ丼(天然炸鰤魚丼)¥1,320

時間 3/1~8/10、8/17~10/25 8:20~17:00、8/11~8/16、10月下旬~11月下旬8:20~16:40、11月下旬~2月9:00~16:00 **價格** 大人¥500、小孩¥300

沿著縣道45號直行即達。

開車 10分

14:45

宿根木

面向著佐渡島西南邊的大海，宿根木這方小小的木造村落保存著百年前的古老船屋、郵局、鹽屋，至今仍有許多人在這裡生活著，是一處活著的歷史街道。來到這裡散散步，有空還可以在甘味「茶房やました」悠閒坐坐，店舖裡的桌子可是倒過來的盆舟，十分特別。

時間 自由參觀

`Map`

經縣道45往回開，回到小木港再接至國道350號，約10公里後右轉接縣道432號即達。

開車 20分

16:00

西三川黃金公園

淘出來的金砂可帶走做紀念，或請園方代為加工做成吊飾

來到佐渡，一定要來淘金砂！先在西三川黃金公園館內參觀一圈，了解當年西三川地區的採金方式，接著便可以親自在水池中淘出金砂！負責人說這些砂石全是從河床上運來，裡頭的金砂是純天然的，可不是他們自己另外加的哦！

`Map`

`Web`

時間 5~8月8:30~17:30，12~2月9:00~16:30，3~4月及9~11月8:30~17:00

價格 大人￥1000、小學生￥900

沿著國道350號接縣道45號，轉縣道31號再接上45號的另一頭，總長約28.3公里即達。

開車 43分

18:00

佐渡Resort Hotel吾妻

以料亭起家的佐渡Resort Hotel吾妻，提供的料理絕對滿足旅人的味蕾；且位於佐渡島上的最西端，以「最靠近夕陽的湯宿」廣為人知，面對著180度寬闊海景中泡湯，人生最享受不過如此。

`Map`

`Web`

時間 Check-in15:00~19:00，Check-out10:00 **價格** 一泊二食每人￥22000起

Goal !

DAY 2

Start !

09:30 佐渡Resort Hotel吾妻

開車 **17分** 沿著縣道45號向北開，約11公里。

10:00

尖閣灣揚島遊園

尖閣灣位居佐渡島西北方，為50萬年前海底火山爆發，岩漿衝出海面凝固成岩石，形成揚島峽灣奇景。長約2公里的海岸線幾乎全被突出海面的削尖筆直岩石佔據，搭乘遊船行駛在其間，相當驚心動魄。

時間 8:00~17:00(依季節略有不同) 價格 入園大人￥500、小孩￥300，入園＋乘船 大人￥1,400、小孩￥800

開車 **17分** 沿著縣道45號往回開，約7公里處左轉接縣道31號，再左轉縣道463號即達。

11:00 **佐渡金山**

佐渡金山曾是日本產金量第一的金山，也是日本最古老的金山！從「宗太夫坑」進去，沿著坑道可看到人偶機器人在示範解說採礦過程，資料館內接著展示黃金開採出來之後，將黃金提煉、運送到江戶的流程，還有幕府歷年來的大判、小判展覽(日本古代貨幣)，展覽櫃光彩奪目，耀眼得讓人睜不開眼。

時間 4~10月8:00~17:30、11~3月8:30~17:00 價格 江戶金山絵卷コース(宗太夫坑)￥900

12:15

沿著原路下山，接著沿縣道31號、縣道45號、縣道306號和國道350號開往兩津湊，約26.7公里。

開車 **45分**

返程途中不妨順道造訪朱鷺之森公園，瞧瞧這個佐渡的精神象徵～

兩津港還車後，可趁乘船前的空檔在海鮮橫丁大啖佐渡海鮮～

13:00

14:25 兩津港 佐渡汽船

￥7460

搭乘噴射汽船Jetfoil，至新潟港下船

搭船 **65分**

￥210

新潟港 佐渡汽船

搭乘新潟交通佐渡汽船線，至新潟駅下車

搭巴士 **17分**

若時間有限，建議選擇最經典的宗太夫坑道

新潟駅 JR線

16:00

Tips 坑道內的溫度常年維持在10度左右，最好帶件薄外套！

Goal !

飛驒小京都
一日漫遊

 來去鄉下住一晚　　高山老街　　飛驒牛

世界遺產　　合掌村

擁有日本古鎮老街風情的高山，一直排在日本人最想去的國內旅行地點前三名，濃厚的傳統文化、優雅的木造建築街道，以及遠近馳名的飛驒牛，成為海內外旅客遊日的必遊焦點。晚上再入住世界遺產合掌造，品味純樸迷人的東瀛味。

早　**09:00** 高山駅
09:15 高山老街
　　　　宮川朝市
　　　　櫻山八幡宮
　　　　高山屋台會館

午　**12:00** 三町老街／午餐
　　　　飛驒猴寶寶商店
　　　　高山陣屋

晚　**17:20 白川鄉合掌村**

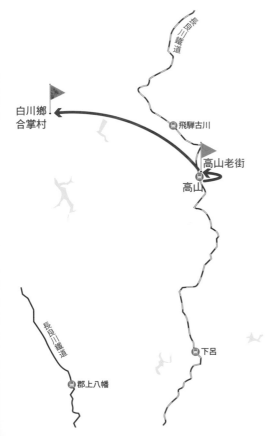

白川鄉
合掌村

飛驒古川

高山老街

高山

下呂

郡上八幡

兩大熱門區域串聯 岐阜文化體驗行程

可搭配JR高山・北陸地區周遊券遊玩！

Point!
高山前往白川鄉只需50分鐘車程，不妨安排在合掌村宿一晚，再繼續串聯北陸行程。

Start!

09:00 高山駅 JR線

步行 **10分**

東口出站，沿駅前中央通前進，至本町通左轉，再穿越鍛冶橋即是。

經過鍛冶橋，別忘了跟高人氣的手長、腳長銅像合照！

高山老街
宮川朝市

09:15

步行 **9分**

宮川朝市屬日本4大朝市之一，聚集除了朝市常見的一些蔬果、自製熟食外，這裡還有一些手工雜貨、小紀念品、咖啡，非河岸這側原本的店家像是駄菓子店、飲食店、酒藏等，還有聚合近十家店鋪的右衛門町、匠屋這兩大棟商家。

時間 7:00~12:00(12~3月8:00~12:00)

10:30

沿河岸道路繼續前進，過河後下個路口左轉，繼續直行遇獅子會館左轉，再往前一小段即達。

高山老街
櫻山八幡宮

一整片杉樹圍繞的八幡宮，一到秋天本地就成為高山最熱鬧的地區。每年10月9、10日上演的高山祭以此為主社，因此秋的高山祭又稱為八幡祭。充分展現飛驒藝術美的這個祭典，以11台美輪美奐的屋台繞行市區掀起高潮，並吸引成千上萬的旅客聚集於此。

時間 自由參觀

步行 **9分**

在櫻山八幡宮境內

高山老街
高山屋台會館

11:00

如果無法親臨高山祭的盛會，那麼就請來到高山屋台會館沾染點祭典風采。展示廳放置了秋天高山祭的主角——屋台，雖然只有4台，但每年會更換3次屋台展覽，讓旅客在不同時期造訪，皆可觀賞到不同的屋台。

價格 高山屋台會館+櫻山日光館共同門票大人¥1000 **時間** 9:00~17:00，12~2月9:00~16:30

步行回宮川朝市，
再往南走即是三町老街區。

步行
10分

12:00

高山老街

三町老街

飛驒こって牛的飛驒牛
握壽司為必吃名物！

綿延約400公尺長的三町老街，黑色木製的格子窗櫺、古意的店家、穿梭於巷弄間的人力車，營造高山獨有的古意氛圍，而且老街裡有五花八門的零嘴，走在三町老街裡，根本不怕餓肚子，沿路都是美味、有趣的小吃，包你大大滿足。

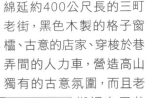

Map

Web

(時間) 依店家而異，但時間大多集中在9:00~17:00

步行
4分

越過鍛冶橋，
再往前35公尺即在左手邊。

14:00

高山老街

飛驒猴寶寶商店

猴寶寶是飛驒的代表吉祥物，各個店家都會擺上個幾隻，或是販賣可愛的玩偶，更有與人氣卡通結合、與當地名物結合的造型猴寶寶，種類繁多，每樣都很可愛。在這家店裡除了可以買到商品之外，也能動手做出屬於自己的猴寶寶。

Map

Web

(時間) 10:00~17:00，體驗為16:00前
(休日) 不定休 (價格) さるぼぼ作り体驗(猴寶寶製作體驗)¥1,500起

出店家後右轉直走至鍛冶橋，
沿本町通向南行，陣屋前路口即是。

步行
7分

高山老街

15:00

高山陣屋

高山陣屋本是高山城主金森家的屋子，幕府主政後，代幕府視事的官員就以此為行政中心，改成「陣屋」，也就是所謂的官邸。在還政天皇後的明治時期，政府官廳也利用這裡辦公，數百年來都是高山的權力象徵。

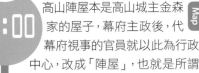

Map

Web

(時間) 3~10月8:45~17:00， 11~2月8:45~16:30 (休日) 12/29~1/1 (價格) 入館¥440，高中生以下免費

16:00

步行 11分

走回車站，高山濃飛巴士總站在站前飛驒高山遊客中心旁。

16:30

(需事先預約) ￥2600

搭巴士 50分

高山濃飛巴士總站4號乘車處，搭乘高速巴士至白川鄉下車即達。

17:20

白川鄉合掌村

Map

Web

白川鄉合掌建築集中在荻町，站在制高點城山上的荻町城跡，往下眺望盡是水田，河流靜靜地流過，一百多幢三角形茅草屋頂的民家，點綴其間。樸實不張揚又聲名遠播的合掌建築民家，和四周景色濃郁的大自然，構成一幅田園風景畫。

住宿推薦

幸工門

眾多民宿當中，幸工門因為1998年改建的時候，日本NHK電視台現場全程轉播，不但全村的人來幫忙，還有來自世界各地的人都參加這數十年一次的盛會，整個重建過程經由轉播，立即聲名大噪，成為白川鄉合掌造民宿中人氣最旺的一個。

Map

Web

交通 白川鄉巴士總站徒步約10分 價格 一泊二食￥8,860，冬季另外加暖氣費用￥200~400

住宿推薦

孫右工門

沿著庄川畔而立的孫右工門，是間已有280年歷史的老合掌屋，所在位置稍稍遠離白川鄉熱鬧市街的庄川旁。這裡的住客們通通集中於一樓，卻擁有各自的獨立房間，晚餐時刻可以一同圍著地爐品嚐山菜料理。

Map

Web

交通 白川鄉巴士總站徒步約10分 時間 Check in 15:00~17:00，Check out 10:00 價格 一泊二食￥10,260起

Goal !

名古屋文化滿喫一日遊

名古屋城　美食　熱田神宮
名古屋港　大須觀音

日本三大城市之一的名古屋，是進出中部北陸的主要出入口，也是連結關東關西的交通要衝。在這座城市裡，嶄新的大樓建築與名古屋城相望，走一趟名古屋城、熱田神宮、名古屋港，以及繁盛的大須商店街，體會新舊交融的名古屋魅力。

早	**09:00** 名古屋駅 **09:30** 名古屋城 　　　　金鯱橫丁／午餐
午	**13:00** 熱田神宮 **14:30** 名古屋港水族館
晚	**17:30** 大須 　　　　大須觀音寺 　　　　萬松寺通・仁王門通／晚餐 **20:00** 大須觀音駅

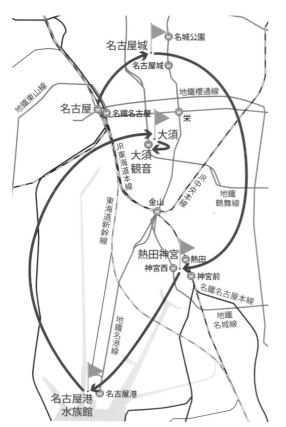

名城公園
名古屋城
名古屋城
地鐵櫻通線
地鐵東山線
名古屋
名鐵名古屋
栄
大須
JR東海道本線
大須觀音
JR中央本線
地鐵鶴舞線
金山
東海道新幹線
熱田神宮
神宮西
熱田
神宮前
名鐵名古屋本線
地鐵名城線
地鐵名港線
名古屋港
水族館
名古屋港

四大必訪景點串聯 名古屋一日悠遊行程

雞翅、味噌關東煮、鰻魚飯都是名古屋必吃名物～

Point! 名古屋市內移動以完善的地下鐵交通為主，買張地鐵一日券¥870，省事又划算。

天守閣屋頂上重達1200公斤的一對金鯱，是名古屋城的正字標記。

Start！

09:00 🚇 名古屋駅 地下鐵

¥240 搭地鐵 5分　搭乘地下鐵東山線，至栄駅轉名城線

🚇 名古屋城駅 地下鐵

步行 5分　7號出口跟著指標前進，即可抵達名古屋城東口

09:30 名古屋城

德川家康一統天下後，於1612年完成的名古屋城，為名古屋在歷史上帶來無比榮耀。一直到日本戰國時代結束之前，名古屋城都是歷代德川家族的居所。明治維新之後，名古屋城才被天皇納入離宮之一，成為皇家的財產。名古屋城範圍廣大，可以花個半天慢慢逛。

步行 5分　就位在名古屋城正門和東門入口處外

時間 9:00~16:30(本丸御殿9:00~16:00)
休日 12/29~1/1　價格 入場¥500　注意 天守閣因補強耐震結構，現在關閉中

Map

Web

11:30 金鯱橫丁

2018年3月底盛大開幕的這處美食據點，街區取名自初代藩主義直和第七代藩主宗春。義直區以江戶建築造街，聚集名古屋各式知名美食老舖，並推出限定版料理；而宗春區則是融合傳統的新建築，以流行美食為主打，各有千秋。

Map

Web

時間 宗春區10:30~21:00；義直區10:30~17:30
休日 依各店鋪而異

走回地鐵站　步行 **5**分

名古屋城駅
地下鐵
12:30　¥240

搭乘地下鐵名城線，至熱田神宮西駅下車　搭地鐵 **15**分

熱田神宮西駅
地下鐵

名古屋鰻魚飯名店あつた蓬萊軒就在正門附近，也可以來這裡享用午餐！

出站後沿神宮外圍直走，即可見西門第一鳥居。　步行 **5**分

13:00　**熱田神宮**

Map
Web

充滿神話傳說的熱田神宮，是以祭拜日本三大神器「草薙神劍」起始的神宮，因而成為許多古代武將、皇族甚至一般民眾，信仰與朝聖的地方。廣達19萬平方公尺的蔥鬱境內，古木籠罩，每年吸引700萬人到訪參拜。

時間 宝物館9:00~16:30(最後入館16:00)　價格 宝物館¥500

神宮裡有雞出沒？！這是因為在神話中雞也是神使之一！

走回地鐵站　步行 **5**分

熱田神宮西駅
地下鐵
14:00　¥270

搭乘地下鐵名城線，至金山駅轉名港線　搭地鐵 **20**分

名古屋港濱海遊樂園、樂高樂園、南極觀測船等熱門景點也都聚集在這裡～

©2019 The LEGO Group.

名古屋港駅
地下鐵

步行 **5**分　3號出口徒步即達

14:30

名古屋港水族館

進入名古屋港水族館先看到「日本海」以特殊的照明效果呈現黑潮帶鮪魚群游過的壯觀景象。在「赤道海」的海底隧道中看到大海龜從頭上游過。至「南極海」親見企鵝在人工造雪的技術下自在地玩耍。露天的展示區則可以觀賞館內虎鯨與海豚的精彩水上表演。

Map

Web

時間 時間依季節調整，約9:30~17:30 **休日** 週一，7~9月無休 **價格** 大人¥2030，中小學生¥1010

走回車站

步行 5分

🚇 **名古屋港駅** 地下鐵

17:00 **¥270**

搭乘地下鐵名港線・名城線，至上前津駅轉鶴舞線

搭地鐵 20分

🚇 **大須觀音駅** 地下鐵

2號出口出站步行即達

步行 2分

大須觀音寺

17:30

紅豔外型的大須觀音寺是大須商店街發展的起點，原本觀音寺位於大洲這個地方，搬到大須之後，香火鼎盛，有「日本三大觀音」之稱，而周圍的市街門前町也跟著熱鬧起來，慢慢發展成現在的人氣購物商區。

Map

Web

時間 **價格** 自由參拜

步行 1分

大須觀音寺前即是

18:00

Map

Web

萬松寺通・仁王門通

仁王門通是位於大須觀音寺前的一條商店街，整條街約600公尺，兩旁商店以顏色豐富的服飾、雜貨為主，靠近東仁王門通一帶餐廳比較多，萬松寺通則是與仁王門通平行的一條商店街。而大須最有人氣的商店コメ兵，是外地來的遊客必逛的地方。

時間 店家營業時間各異，約晚上8點關店

返回車站

步行 2分

🚇 **大須觀音駅** 地下鐵

20:00

Goal !

尾張小京都
一日散策

犬山城　　愛心繪馬　　明治博物館村

城下町　　名城100

擁有日本現存最古老的天守閣,並以犬山城下町繁榮一時的犬山,古老的街道氛圍有「尾張小京都」之美稱。聳立的天守閣雄踞山頭,由高而下守護著這座小鎮。除了歷史情緒之外,稍遠的明治村能體驗明治時期的老舊氣息,玩上一整天也沒問題。

早　08:30 名鐵名古屋駅
09:30 **犬山**
　　犬山城
　　三光稻荷神社
　　針綱神社
　　磯部家住宅

午　12:00 昭和橫丁／午餐
14:00 **博物館明治村**

晚　18:30 名鐵名古屋駅

漫步古城·老建築 時空穿梭一日行程

犬山城位在山丘上，建議穿著便於步行的鞋子～

Point! 這天行程可配合名鐵推出的「明治村時間旅行きっぷ￥4100」，包含名鐵一日券、犬山駅~明治村巴士券、明治村門票等。

08:30 名鐵名古屋駅
名古屋鐵道

搭乘名鐵特急，至犬山遊園駅下車

￥620
搭電車 **32分**

犬山遊園駅
名古屋鐵道

出站後，沿指標或人潮前進即可抵達犬山城入口。

步行 **15分**

登上天守閣最上層的望樓，到迴緣一望犬山城下與木曾川美景。

天守閣的屋瓦上有龜殼盛著桃子的模樣！

犬山城 **09:30**

犬山城興建於室町時代(1537)，城址遺跡只殘存天守閣，是日本五大國寶城之一。外觀三層，實際內部有四層樓，雖然佔地不大，但精巧且保存完善，於1935年被指定為國寶。城池後方是木曾川，天守就在斷崖之上，立於易守難攻之地。風雅人士見此景猶如李白《早發白帝城》詩中所描述的風景，便稱此城為白帝城。

時間 9:00~17:00，最後入場16:30　休日 12/29~31　價格 大人￥550，中小學生￥110

 Map

犬山城入口前

步行 **1分**

三光稻荷神社 **10:30**

三光稻荷神社位在城山山麓、造訪犬山城的必經之途上，主要保佑商業繁盛、五穀豐收等；境內還有處「錢洗池」，據說只要用這裡的水洗過錢就可以開運！因為半澤直樹劇中加倍奉還的情節炒作，日本許多網友將這裡暱稱為「加倍奉還神社」，也吸引了大批觀光人潮來此「洗錢」。

時間 自由參拜

 Map / Web

三光稻荷神社旁

步行
1分

針綱神社

11:00

位在犬山城城南入口附近的針綱神社為尾張五大社之一，也是犬山市內的鎮座神社。1641年，城下町的本町、魚屋町等地為了祭祀針綱神社，將馬車改成車山形狀並放上人偶裝飾，據說這就是每年4月盛大的犬山祭的由來。這裡也是歷代犬山城主的祈願所，更是聚集了庶民信仰的重要神社，至今仍香火鼎盛。

時間 9:00~15:30

Map

Web

可愛的
Hello Kitty御守

沿針綱神社前本町通直走500公尺，就在左手邊

步行
7分

山田五平餅店的現烤小糰子是犬山城下町的名物～

11:30

磯部家住宅

磯部家住宅是登錄為有形文化財的貴重町家建物。建物保留了江戶時期房舍的風格，整幢建築分佈由外至內呈細長狀，最特別的是屋頂的部份從側面看呈現微微圓弧，是一種很費工的建築樣式，顯示出屋主的權勢與財富。

Map

Web

時間 9:00~17:00，最後入場16:30

休日 12/29~31　價格 免費

步行
1分

繼續沿本町通直走100公尺即達

12:00

昭和橫丁

在犬山城下町裡,有一處充滿昭和庶民風情的室內空間,數間店家分佔兩側,重現了昭和年代熱鬧的氛圍。昭和橫丁裡以飲食店家居多,每家店舖的營業時間不太一樣,有的專賣白天,有的則營業至深夜,不妨進來繞繞,找間喜歡的店家坐下吧!

時間 依店舖而異,約從11:00起陸續有店舖開門

Map Web

步行 10分 本町通直走,轉進淺井犬山線,達犬山駅西口後,走聯絡橋至東口

13:20
¥430
搭巴士 20分 犬山駅東口搭乘岐阜巴士,至明治村下車

14:00

博物館明治村

明治村以明治時期的建築物為主,將日本國內外各地的珍貴建築移築至現址展示,總數在60幢以上,佔地十分廣闊,可說是一座大型的戶外博物館。村內鋪設鐵軌,讓明治初期的京都市電、蒸汽火車、巴士等古老的交通工具也能運行其中,成為遊客的代步工具。

 Map
 Web

時間 9:30~17:00(依季節而異) **休日** 12/31、不定休,詳見官網 **價格** 大人¥2,000,大學生¥1,600,高中生¥1,200、國中小學生¥700

17:10
¥430

搭巴士回犬山駅東口

搭巴士 20分
¥570

🚌 **犬山駅** 名古屋鐵道

搭電車 25分 搭乘名鐵特急,至名鐵名古屋下車

18:30

🚃 **名鐵 名古屋駅** 名古屋鐵道

在這裡換上明治時期的女學生裝扮,感受昭和年代的復古洋風~

Goal!

北海道排行程入門指南

北海道

北海道位於日本列島的最北方，可以將這塊廣闊土地分為道央、道南、道北、道東，札幌為第一大城。壯闊的自然景致與鮮明的四季，成為這裡吸引觀光客一遊再遊的誘因，再加上各季熱鬧繽紛的活動、豐富農牧漁產及各式美食，探索不盡的北國魅力深深地打動遊客的心。

Q 我到北海道觀光要留幾天才夠？

Q 天氣跟台灣差很多嗎？

Q 什麼季節去最美？

A 北海道總面積相當於2.5個台灣大，道內城市距離遙遠，一趟旅行**至少要5天4夜**較佳。新手建議從交通運輸系統完善的道央和道南開始，以札幌為主要**遊玩區域**，輔以小樽、旭川、登別等地區，得心應手後再進一步往道北、道東邁進。

A 夏季涼爽舒適、偶會有破30度的高溫，春秋時間短暫。約從12月開始積雪，在1、2月時雪最多。雖然天氣寒冷，但由於室內都有暖氣，建議**採洋蔥式穿衣法**。另外，防風衣物也請備齊，並準備防滑防水的**鞋子**，以免在結冰的馬路上滑倒。

A 北海道旅遊旺季為夏**季和冬季**。7~8月美瑛‧富良野滿山遍野的花田花海。冬季時，旭川冬祭、網走破冰船等精彩雪上活動接連上演。若想避開本島旺季，可以**5月**來北海道賞櫻，9月下旬至10月下旬賞楓，北海道大學的銀杏也不容錯過。

有了基本認識後，現在就來打造最適合自己的旅遊行程吧！

從機場要搭什麼車進入市區

新千歲國際機場→北海道各區

JR鐵路
◎快速路線與價格指南

目的地	交通方式	乘車時間	價格
札幌駅	JR快速エアポート(快速airport)	37分	自由席¥1150
小樽駅	JR快速エアポート(快速airport)	1小時20分	自由席¥1910

高速巴士
◎快速路線與價格指南

國內線航廈及國外線航廈1樓外為巴士搭乘處，主要以國內線乘車處為主。

目的地	交通方式	乘車時間	價格
札幌	中央巴士、北都交通	1小時20分	¥1100
登別溫泉	國際線86號乘車處搭乘道南巴士「高速登別溫泉エアポート号」，預約制	1小時5分	¥1540
支笏湖	國內線1、28號、國際線85號乘車處搭乘中央巴士「[4]支笏湖線」	55分	¥1050
旭川	國內線21號、國際線85號乘車處搭乘北都交通‧旭川電気軌道，預約制	2小時40分	¥3800
帶廣、十勝川溫泉	國內線21號、國際線85號乘車處搭乘OBIUN觀光巴士‧北都交通「とかちミルキーライナー(十勝Milky Liner)」，預約制	帶廣：2小時30分、冬天2小時45分，十勝川溫泉：3小時10分。	帶廣¥3800十勝川溫泉¥4300

*夏季及冬季另有開往新雪谷的巴士，夏季由新雪谷巴士(ニセコバス)及中央巴士運行，冬季由道南巴士運行

北都交通

中央巴士

道南巴士

北海道幅員廣大，區域間交通往來就算搭特快車也要耗上大把時間和金錢，不妨選擇搭乘日本國內線，且日本航空公司ANA和JAL針對外國旅客，也推出新千歲機場~部分機場單程￥5500的優惠方案。

函館巴士

旭川電氣軌道巴士

富良野巴士

其他台灣直飛機場→市區
◎快速路線與價格指南

區域	出發地	交通方法	目的地	乘車時間	價格
道南	函館機場	函館巴士	函館駅前	30分	￥300
道北	旭川機場	旭川電氣軌道巴士	旭川駅前	40分	￥750
		旭川電氣軌道巴士	旭川動物園	35分	￥650
		旭川電氣軌道巴士	旭岳	1小時	￥1270
		富良野巴士	富良野駅前	1小時	￥790

宗谷巴士

十勝巴士

阿寒巴士

根室交通巴士

網走巴士

斜里巴士

北紋巴士

北海道其他機場→市區
◎快速路線與價格指南

區域	出發地	交通方法	目的地	乘車時間	價格
道北	稚內機場	宗谷巴士	稚內駅前巴士總站	30分	￥700
道東	帶廣機場	十勝巴士	带広駅前巴士總站	45分	￥1000
	釧路機場	阿寒巴士	阿寒湖	1小時10分	￥2190
		阿寒巴士	釧路駅前	45分	￥950
	中標津機場	根室交通巴士	根室駅前巴士總站	1小時40分	￥1920
	女滿別機場	網走巴士	網走駅前	35分	￥920
		斜里巴士等巴士	宇登呂溫泉巴士總站	2小時10分	￥3300
	紋別機場	北紋巴士	紋別巴士總站	17分	免費

懶人看這裡 就對了！~

	機場巴士	一般鐵路	直達列車	計程車
行李又多又重	○	△	△	○
只要便宜就好	△	○	○	✕
只要輕鬆就好	○	✕	△	○
沒時間，要快點	△	✕	○	△

○=適合　△=還可以　✕=不適合

北海道的**東西南北**馬上看懂

宗谷海峽

禮文島●

利尻機場✈
利尻島●

日 本 海

道北

紋別機場✈

網

女滿別機場✈

屈斜路

旭川🚩
旭川機場✈ 美瑛🚩
旭岳◉
阿寒湖●

積丹半島● 小樽🚩
丘珠機場✈ 道東

定山溪溫泉🚩 富良野🚩
札幌🚩 釧路機場

道央

洞爺湖🚩 支笏湖● 新千歲機場✈ 帶廣機場✈
登別🚩

●奧尻島
✈奧尻機場 道南

大沼國定公園🚩
✈函館機場
函館🚩

我要住哪一區最方便？

札幌：

札幌車站、狸小路、中島公園周邊都是熱門住宿地點，車站以交通轉乘為優勢，房價也因此較其他兩區高昂。想趁晚上大採購的人，可選擇熱鬧的狸小路。若偏好清幽的環境、便宜的住宿，則可挑中島公園附近的飯店。

函館：

連接日本本州與北海道南邊的重要玄關，可利用新幹線往南串聯東北、東日本行程，或者搭乘特急列車前往札幌。

旭川：

位居北海道中央地利之便，且有直飛航班；往北可達宗谷岬、往南為美瑛·富良野，也有直達巴士可至層雲峽、大雪山等著名風景區，近郊景點豐富，是玩道北的住宿首選。

釧路：

為JR北海道幹線鐵道的主要車站之一，鄰近國內線釧路機場，是往北遊玩道東三湖、釧路濕原、網走，以及東邊根室半島的必經之地。

知床半島

根室海峽

摩周湖

根室灣

根室半島

釧路濕原

太平洋

JR鐵路快譯通

北海道鐵路相較於日本其他地區較為單純，以JR鐵路串聯整個北海道，主要幹線鐵道上多半有特急列車行駛，做行程規劃前不妨先參照鐵道路線圖，安排出較為合適的旅遊路線吧！

JR北海道路線圖

北海道市區交通
放大看清楚！

札幌地下鐵與市內電車圖

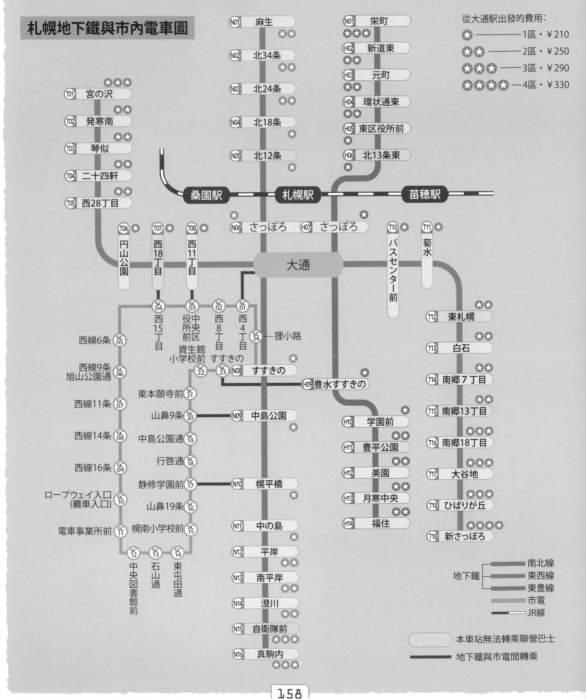

從大通駅出發的費用：

★────── 1區・¥210

★★────── 2區・¥250

★★★────── 3區・¥290

★★★★──── 4區・¥330

地下鐵	
	南北線
	東西線
	東豊線
	市電
	JR線

本車站無法轉乘聯營巴士

地下鐵與市電間轉乘

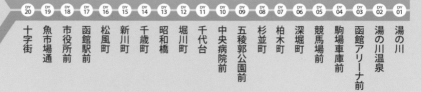

函館市電

④北海道

JR 函館本線

● 市電2系統　● 市電5系統

DY23 函館どつく前	DY22 大町	DY21 末広町
DY20 十字街	DY19 魚市場通	DY18 市役所前	DY17 函館駅前	DY16 松風町	DY15 新川町	DY14 千歳町	DY13 昭和橋	DY12 堀川町	DY11 千代台	DY10 中央病院前	DY09 五稜郭公園前	DY08 杉並町	DY07 柏木町	DY06 深堀町	DY05 競馬場前	DY04 駒場車庫前	DY03 函館アリーナ前	DY02 湯の川温泉	DY01 湯の川
DY26 谷地頭	DY25 青柳町	DY24 宝来町

有什麼優惠車票適合我？

	JR北海道鐵路周遊券 JR Hokkaido Rail Pass	富良野美瑛鐵路車票 Furano Biei Rail Ticket	旭山動物園套票 Asahiyama Doubutsuen Kippu
使用區間	JR北海道全區間 JR北海道巴士(札幌~小樽間、札幌市內)	札幌~自由區間內來回車票 自由區間內無限次數搭乘(瀧川~旭川~富良野~瀧川、富良野~幾寅)	札幌~旭川特急列車自由席來回車票 旭川~旭山動物園來回巴士車票 旭山動物園門票
價格	連續5天¥20000 連續7天¥26000	¥7400	¥6740
有效時間	依票券內容而異	連續4日(4月底~10月底)	連續4日
使用需知	・欲搭乘特急指定席需劃位(不限次數) ・不能搭乘北海道新幹線、道南ISARIBI鐵道、Twinkle bus。 ・憑券可享JR車站租車7折優惠	・夏季限定套票 ・僅能搭乘自由席 ・分A、B券，A券為單程車票，使用後即收回。 ・東鹿越~幾寅~新得鐵路中斷區間，持券可免費搭乘替代巴士。 ・憑券可享富良野美瑛租車優惠 ・另有薰衣草一日遊券¥2800	・加價¥530可升級指定席 ・需特別注意動物園休園時間 ・無須另外換巴士票與動物園門票
售票處	札幌、新千歲機場JR外籍旅客服務處 **JR鐵路周遊券售票處**：函館 **JR綠色窗口**：登別、網走、新函館北斗、旭川、帶廣、釧路	新千歲機場和札幌的各JR相關窗口	新千歲機場和札幌的各JR相關窗口
官網			
購買身分	持觀光簽證之非日本籍旅客，購買需出示護照。	無限制	無限制

魅力札幌
一日旅行

札幌夜景　白色戀人公園　北海道大學
路面電車　狸小路

札幌是北海道最熱鬧的城市，百貨、小店、餐廳、拉麵，沿路店鋪林立，還有大通公園這一處都市綠洲，作為經過規劃的近代城市，棋盤狀的街道讓人能輕鬆找路，逛街之餘更能感受到北國的悠閒自在。

早
08:30 狸小路駅
09:00 二条市場
11:00 北海道大學／午餐

午
13:00 白色戀人公園
15:30 北海道神宮

晚
17:00 藻岩山
18:30 狸小路商店街／晚餐
20:00 狸小路駅

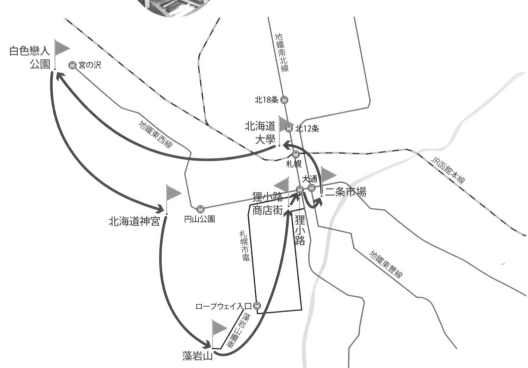

白色戀人公園
宮の沢

地鐵南北線
北18条
北海道大學
北12条
札幌
大通
二条市場
地鐵東西線
狸小路商店街
狸小路
JR函館本線
北海道神宮
円山公園
札幌市電
地鐵東豐線
ロープウェイ入口
藻岩山

6大精華景點串聯 暢遊札幌一日行程

札幌是個適合悠閒散步的城市，一雙好走的鞋不可少！

Point!

地下鐵是札幌市區的主要交通工具，提供有地鐵一日券¥830(假日特別版¥520)，可自行衡量購買。

Start!

08:30 狸小路駅
札幌市電

出站後沿狸小路3~1丁目直走到底即達，也可從地鐵大通駅、豊水すすきの駅前往。

步行 **8分**

09:00

二条市場

位於狸小路東側的二条市場是札幌最知名的觀光市場，肥美的帝王蟹、海膽、鮮魚和新鮮蔬果等豪邁陳列者，老闆們站在攤位裡熱鬧叫賣，充滿庶民氣息。位於市場一角的暖簾橫丁就有不少居酒屋和小吃店聚集，可以市場價格飽嘗鮮味。

Map

Web

時間 7:00~18:00(依店家而異)

步行 **30分**

吃飽喝足徒步順遊札幌電視塔、大通公園、北海道廳舊本廳舍等景點～

11:00

北海道大學

北海道大學是日本七帝大之一，前身1876年創建的札幌農學校。廣大校園裡最吸引人的莫過於美麗的自然和四時變換的景色，尤其北12條校門的銀杏林道，約80株高大銀杏在每年10月中下旬會轉為迷人金黃。來到這裡不妨找間學生食堂，品嚐平價的學生料理。

Map

Web

時間 自由參觀

校園內古河講堂、第二農場校舍都是古蹟建築～

首任校長克拉克博士銅像，很多人都會來這跟他合照！

第二農場校舍附近出口出校
沿環狀通直行即達

步行 9分

🚋 **北18条駅**
地下鐵

12:30
¥290

搭乘地下鐵南北線,於大通駅轉乘
地下鐵東西線,至宮の沢駅下車

搭地鐵 21分

🚋 **宮の沢駅**
地下鐵

步行 7分

5號出口徒步即達

13:00

白色戀人公園

充滿歐洲風的白色戀人公園,彷彿是巧克力的夢幻城堡。在濃濃的巧克力香伴隨下,遊客可以參觀北海道人氣點心——白色戀人的製造過程、巧克力歷史和各種相關的收藏品。

Map

Web

時間 10:00~17:00　價格 大人¥800、中學生以下¥400、3歲以下免費;手作巧克力餅乾體驗1個¥1200起(需預約)

白色戀人包裝盒上的秀麗山景,來自利尻島上的利尻山喔!

步行 7分

走回車站

🚋 **宮の沢駅**
地下鐵

15:00
¥250

搭地鐵 10分

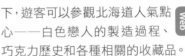

圓山公園境內種有1500餘株櫻花,是札幌市內的賞櫻名所!

搭乘地下鐵東西線,至円山公園駅下車

🚋 **円山公園駅**
地下鐵

步行 15分

2號出口徒步即達

神宮境內六花亭茶屋售有當店限定的判官餅,鹹甜滋味難以忘懷!

15:30

北海道神宮

因為開發較晚,北海道的神社比起日本本島可說是相當稀少。北海道神宮是北海道總鎮守的守護神社,每年最熱鬧的時候就屬新年參拜和櫻花時節,以知名櫻花為造型的鈴鐺御守也相當可愛。

Map

Web

時間 自由參觀;神門關閉時間約16:00~17:00,詳情請洽官網

©六花亭神宮茶屋店

步行 15分

原路走回車站

16:30
¥210

搭巴士 11分

至円山公園駅前巴士乘車處
搭乘円10·11路線
至藻岩山纜車下車徒步5分即達

17:00

藻岩山展望台

海拔531公尺的藻岩山是札幌人週末的踏青去處，2011年底展望台重新開放，可選擇搭乘纜車後轉搭驅動方式為世界首創的迷你纜車前往。白天可以一覽市區全景，夜晚則有璀璨閃爍的夜景，是熱門的約會景點。

Map

時間 10:30~22:00、12~3月11:00~22:00(最後搭乘時間21:30) 價格 ロープウェイ+ミニケーブルカー(纜車+迷你纜車)來回大人¥2,100、小孩¥1,050

Web

365天雪雨無阻的路面電車被列為北海道遺產，一定要搭搭看！

步行 9分

ロープウェイ入口駅
札幌市電

18:00
¥200

搭電車 25分

搭乘札幌市電內環線至狸小路駅下車

狸小路駅
札幌市電

18:30

狸小路商店街

從西1丁目開始洋洋灑灑延伸到西8丁目的狸小路，是札幌歷史最悠久、也是最長的商店街。狸小路上不少藥妝、名特產店和餐廳齊聚於此，加上營業時間較晚，不失為購買伴手禮的好地方。在狸小路1、2和狸小路8有些風格較特別的小店，藥妝和最熱鬧的區域則集中在狸小路3~5的區塊。

Map

Web

步行 1分

出站即達

買伴手禮來6丁目的おみやげ にれ最便宜~

步行 1分

回車站

狸小路駅
札幌市電

20:00

時間 店家營業時間各異

松本清、大國藥妝、SAPPORO藥妝店都是掃貨好選擇！

Goal！

漫步小樽
浪漫輕旅行

小樽運河　海鮮　懷舊建築
定山溪溫泉　玻璃

繁榮港口的過往，封存在小樽歷史感的街道、舊時運河與瓦斯燈組成的風景中。現在以觀光為主的小鎮，販賣玻璃製品、音樂盒的小店比比皆是，還有知名的壽司屋通和美味的洋菓子店，等著遊人一飽口福。晚上前往離札幌最近的溫泉鄉──定山溪溫泉，享受溫泉旅館的極致款待。

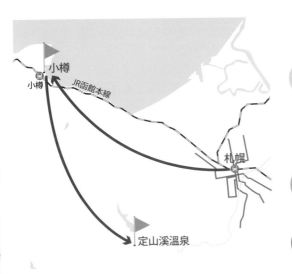

早	**09:00** 札幌駅 **10:00** 小樽 　　　小樽運河 　　　大正硝子館 　　　壽司屋通／午餐	
午	**12:30** 日銀金融資料館 　　　小樽藝術村	
晚	**17:30** 定山溪溫泉	

遊運河·泡美湯 札幌近郊雙景點攻略行程

知名甜點店小樽LeTAO就是從這裡發跡～

Point!

小樽主要的觀光區域如堺町通、壽司屋通與運河周邊，均可由小樽車站步行遊覽。

Start!

途中會看到舊鐵道線手宮線，引鐵道迷前來一訪～

09:00　¥750　**札幌駅** JR線

搭電車 45分　搭乘JR函館本線至小樽駅下車

10:00　**小樽駅** JR線

沿著站前大路直走即達

步行 10分

小樽運河 | 小樽

建於大正年間的小樽運河，見證了小樽港口的黃金時期，隨著港運衰退後轉為觀光之用，現在，瓦斯燈暖黃光線中，小樽運河以及運河側舊倉庫群的迷人構圖，已成為小樽甚至北海道的代表景點。每年2月當中的10天，這裡也會成為小樽雪燈之路的主會場，在冬日裡搖曳的燈火照亮了雪白運河風景，更添浪漫氣氛。

Map
Web

時間 自由參觀

出拔小路過去是運河船隻的卸貨處，現在則成為復古風的飲食街～

轉進與運河平行的日銀通，至色內大通左轉即達

步行 3分

11:00

大正硝子館 | 小樽

大正硝子館為利用舊時商店改裝成的玻璃店舖，以本館為起點，有不同主題的玻璃製品店面、製作和體驗工房等相連，承襲自大正時代優雅風格的自家工房作品也很受歡迎。

Map
Web

時間 9:00～19:00

小樽 大正硝子館

步行 1分

出硝子館後，左轉過橋，與河呈水平的道路即是壽司屋通，往車站方向行走約150公尺，即達壽司店主戰區。

小樽

11:30 壽司屋通

北國豐富的漁產使小樽發展出豐富的壽司與海鮮丼文化，小小的腹地裡就有近百間的壽司店，其中小樽的壽司老舖本店都在壽司屋通及壽司屋通到公園通的巷道中，如町的壽司、政壽司、日本橋及しかま等；吃壽司講究的是材料鮮度，而這些老舖無論是食材或料理手腕，都是當地人掛保證的。

Map
Web

時間 11:00~22:00(依店家而異)
休日 1月1日，部分店家固定休週三

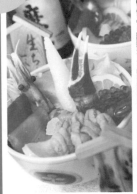

步行 **3**分

走回日銀通即達

小樽

12:30 日銀金融資料館 (舊日本銀行小樽支店)

Map
Web

建於明治45年(1912年)的日本銀行小樽分行是由辰野金吾設計，佇立百年的典雅姿態是小樽的代表建築。館內展出豐富金融資料，還準備了一億元日幣鈔票，讓大家試著抱起一億元的重量，靜態與活潑的展示都很有趣。

時間 4~11月9:30~17:00、12~3月10:00~17:00(入館至閉館前30分鐘)　休日 週三(遇假日開放)、12月29日~1月5日、不定休

小樽過去以出口港興盛，擁有高達**19**家銀行，獲得「北之華爾街」的稱號。

步行 **2**分

沿日銀通往回走至色內大通就位在北海道拓殖銀行小樽分行舊址旁。

13:00

小樽

小樽藝術村

2016年中開幕的小樽藝術村也是以小樽的老建築改造而成，分為花窗玻璃美術館、西方藝術博物館以及似鳥美術館等，館內展示不同風情的藝術品。參觀的重點當然是蒐羅了花窗玻璃的舊高橋倉庫。

時間 9:30~17:00，11~4月10:00~
16:00(入館至閉館前30分鐘)
定休 5~10月第4個週三，11~4月
週三 **價格** 4館共通券大人￥2,900、大學生￥2,000、高中生￥1,500、國中生￥1,000、小學生￥500

走進倉庫中，眼前盡是花窗玻璃閃耀出的七彩光芒。

步行
10分 走回車站

15:00
￥750

小樽駅
JR線

搭電車
45分 搭乘JR函館本線，至札幌駅下車

札幌駅
JR線

16:10
￥790

搭巴士
80分

札幌巴士站12號乘車處搭乘定鐵巴士
至定山溪下車，徒步即達溫泉街

17:30

定山溪溫泉

定山溪溫泉的歷史悠久，據傳一位名叫美泉定山的修行和尚在山中看到野鹿用溪谷中的天然溫泉療傷，因而發現了此溫泉。現在的定山溪溫泉街上大約有20餘家溫泉飯店和民宿，泉質均為無色透明、觸感滑溜的氯化物泉。

Goal !

北國溫泉 療癒旅行

泡湯 　洞爺湖溫泉 　登別

熊牧場 　花火大會

提到北海道的溫泉怎能錯過登別和洞爺這兩個地區，登別以擁有9種泉質為傲，地獄谷、熊牧場和泉源公園，更是3大必去景點。倚畔而立的洞爺湖溫泉，夜裡以絢麗花火迎接入住的湯客，在露天風呂裡坐享開闊的洞爺湖景，一掃旅途的疲憊，最是享受。

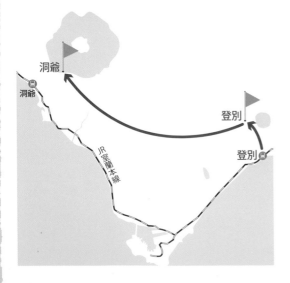

早	**09:00** 登別駅
	10:00 登別
	登別熊牧場
	溫泉市場／午餐

午	**12:30** 登別地獄谷
	16:30 洞爺
	洞爺湖環湖雕刻公園

| 晚 | 　　　洞龍の湯 |
| | **20:30** 洞爺湖花火大會 |

溫泉雙重奏 北海道極樂泡湯行程

> 新千歲機場也有高速巴士可直達登別溫泉！

Point!
登別‧洞爺溫泉區正好位在札幌和函館之間，聰明的玩法可以由新千歲機場進，以札幌為起點一路向南玩，最後從函館飛回台灣。

Start!

09:00 🚌 登別駅 JR線

搭乘往登別溫泉方向的道南巴士至登別溫泉下車
再往溫泉街方向行走6分即可達纜車搭乘處

¥350 搭巴士 25分

Tips
直接購買JR登別駅~登別溫泉的來回車票會比較便宜。

冰淇淋原料使用伊達市森牧場出產的生乳，蓋天然！

10:00 步行 7分 │登別

登別熊牧場

走回溫泉街
繼續向前邁進即在右手邊

登別熊牧場的小山上，住了將近100頭蝦夷棕熊，貪吃的熊會相當認真地和客人討東西吃，一天還有4場的棕熊表演秀可以欣賞。在熊牧場裡的展望台也可以看到四周風景，包括山巒包圍的俱多樂湖與遠處的太平洋。

時間 9:30~16:30 **休日** 4月、11月會進行6~13天左右的纜車維修，詳見官網 **價格** 含纜車來回大人¥2650、小孩¥1350

Map
Web

11:30 步行 4分 │登別

溫泉市場

經過泉源公園後，
再往右手邊的俱多樂湖公園線行走

泉源公園的間歇泉噴發伴隨著地獄般低吼的聲響，相當震撼！

閻魔堂旁邊的溫泉市場，可以品嚐數十種美味的海鮮料理，海鮮丼、香辣的章魚「地獄漬」皆是必嚐首選。
不可錯過的還有自家製的生乳冰淇淋，奶香純粹濃郁，甜筒裡還放了玉米片增加口感，已經成為旅客們到溫泉市場必吃的名物。

時間 商店：10:30~21:00，餐廳11:15~20:30

Map
Web

12:30

登別

登別地獄谷

地獄谷是直徑450公尺的火山噴發口遺址，沿著步道可以繞行地獄谷一圈，由於山谷中無數的噴氣孔仍然不時噴出高溫氣體，行走其間的時候，請不要任意離開為遊客鋪設的人行步道，以免發生危險。

時間 自由參觀　**休日** 無，冬季時步道視積雪量封閉

Map

¥350

搭乘道南巴士回JR登別駅

搭巴士 **12**分

登別駅　JR線

14:30

¥2440

搭乘北斗號至洞爺駅下車

搭電車 **40**分

洞爺駅　JR線

¥340

搭乘道南巴士至洞爺湖溫泉站下車

搭巴士 **25**分

走累了不妨在步道入口泡個足湯歇歇腳！

離開前逛逛熱鬧的溫泉街，有機會可一睹閻魔堂的地獄審判表演喔～

16:00

步行 **3**分

Tips 下車後至飯店Check in，趁晚餐前空檔出來逛逛溫泉街。

洞爺

16:30

洞爺湖環湖雕刻公園

洞爺湖幾乎為正圓形，是典型的火口湖，平靜無波的水面湛藍清澈並且不會結冰，是道內為數不多的不凍湖之一。58座以「生之讚歌」為主題的大型雕刻作品分散在公園四周，與湖畔風光相映成趣，而每個作品在不同觀看角度、天候及日光照射下，還會散發出不同的韻味。

時間 自由參觀

Map

Web

岡田屋的白豆湯和わかさいも本舗的若狭芋是溫泉街的招牌甜品

遊覽船乘船處附近

步行 2分

17:30

洞爺

洞龍の湯

Map

Web

在洞爺湖溫泉街及各旅館前，共有12處的手湯及2處的足湯，「洞龍の湯」是當中最具人氣的一個。一邊眺望洞爺湖湖景，還可一邊泡在42度的足湯內，踩著底部的石子腳底按摩。

洞爺湖万世閣

洞爺湖万世閣為溫泉區中離湖最近的飯店，旅客從大廳、餐廳，甚至客房內都可欣賞洞爺湖的優美景致。位於頂樓的「星の湯」大浴場外即為檜木打造的細緻露天風呂，白天能欣賞洞爺湖景色，晚上則是仰望萬丈星空的絕佳場所。

Map

Web

價格 一泊二食，每人約￥8800起

20:30 洞爺

洞爺湖花火大會

全日本施放期間最長的洞爺湖花火大會是洞爺湖的一大賣點，每年從4月下旬一直持續到10月底，每天約有450發的煙火由船隻在湖中邊航行邊施放，可搭乘遊覽船觀賞這繽紛亮麗的花火。7月底至8月中旬的洞爺湖溫泉夏祭，晚上還可以和民眾一起跳盂蘭盆舞！

Map

時間 施放期間每日20:45開始，約20分，煙火觀賞船20:30出發

Web

價格 觀覽船大人￥1,600、小學生￥800

Goal！

浪漫道南 一日漫遊

新日本三景　五稜郭　百萬夜景
歐風坂道　小丑漢堡

歐風坂道、西式建築與紅磚倉庫，將函館營造出濃濃的歐風氣息，夜晚搭乘纜車登上函館山一覽世界三大夜景，在函館的每一幕都如此值得記憶收藏。距離函館30分鐘車程的大沼國定公園，則有著寬闊天然的湖泊景色，悠閒漫步其間的散步道亦或乘船遊湖，都能盡情享受這絕美景緻。

早
09:00 大沼公園駅
09:10 大沼國定公園

午
13:00 五稜郭
Share Star／午餐
五稜郭公園
16:00 函館元町
元町教堂區

晚
函館山夜景
五島軒／晚餐
20:00 函館駅前駅

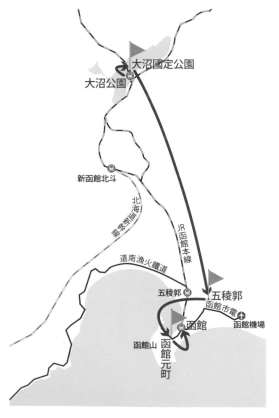

三大精華區域Check 道南一日重點行程

藉新幹線之便往南串聯東北行程也Hen可以～

Point! 函館市電被列為北海道遺產，是遊逛市區最佳的交通工具，且一日券只要￥600，搭3趟就回本很值得購買。

Start!

09:00 大沼公園駅 JR線

步行 3分　出站後跟著指標或人群前進即達

09:10 大沼國定公園

大沼國定公園是以秀麗的駒ヶ岳為背景，並涵蓋大沼、小沼、蓴菜沼，為道南唯一的國定公園。公園共包含126個島嶼，島和島之間則有18座橋相連接，在大沼湖還可以搭乘遊覽船或從事釣魚、划獨木舟、騎腳踏車環湖等各種戶外活動。

11:50 大沼公園駅 JR線

搭乘北斗號，至函館駅下車

時間 大沼小沼遊覽船9:00~16:20，每40分1班；4月、11~12月不定期航行，5~10月定期航行 **價格** 遊覽船(30分)大人￥1,320、小孩￥660；手划船(1小時)2~3人1艘￥2,000；腳踏船(30分)2人1艘￥2,000

￥1270 搭電車 27分

函館駅 JR線　走至市電車站

步行 1分

函館駅前駅 函館市電

￥230 搭電車 17分

搭乘市電2系統，至五稜郭公園前駅下車

五稜郭 **Share Star**

以B1到地上4層樓所構成的商場「Share Star」，就位在市電五稜郭公園前站所在的熱鬧路口上。B1將函館在地熱門美食店囊括一起，加上大型開放式座位區，成為聊天吃東西好去處。

時間 10:00~20:00、G Squar 9:30~21:30 **休日** 1月1日

13:00 五稜郭公園前駅 函館市電　下車即達

北海道最大的無印良品佔據1~3F！

沿行啓通前進，遇大交叉路口
往右前方道路直行，即達五稜郭塔。

步行 8分

14:10

標高107公尺的展望台可以從空中盡
覽五稜郭公園優美的星狀結構

五稜郭

五稜郭公園

函館於1855年開港通商，幕府打造了這座歐式的五角星形城郭，以作為當時北海道的政治和軍事中心。大政奉還後，這裡還曾是舊幕府勢力與新選組的根據地。幕末動亂正式結束，五稜郭也因此在日本近代史中占有重要地位。

冬季限定的五稜星
之夢點燈超夢幻～

步行 15分

沿原路步行
回車站

Map

Web

時間 9:00~18:00　價格 五稜郭塔大人￥900、國高中生￥680、小學生￥450

五稜郭
公園前駅
函館市電

15:30

￥250

記得走去吃一下函館「難波萬」小吃
──小丑漢堡！！

搭電車 25分

搭乘市電5系統至末広町駅下車

末広町駅
函館市電

16:00

步行 1分

下車即是教堂區

日本最美坂道的八幡坂，是旅人必定會造訪的地標景色。

函館元町

元町教堂區

函館港是日本最早和外國通商的港口之一，尤其元町保留了許多西式建築與教堂。步上大三坂傾斜寬闊的石坂道，天主教元町教會和函館東方正教會一同鋪陳出浪漫獨特的函館氛圍，適合午後來此逛上一番。

時間 依各教堂而異

Map

獻金

步行
6分

從東方正教會徒步400公尺
即達纜車搭乘處，位在南部坂盡頭。

17:30

函館元町
函館山夜景

Map

Web

函館山夜景曾名列世界三
大夜景，由於得天獨厚的地形，
使得函館市街被兩側的弧形海灣
包圍，呈現極為特殊的扇型。隨
著天色漸暗，市街盞盞燈火緩
緩亮起，如同閃爍的寶石一般，照
映墨藍的夜空與海洋。如此美景，
也被《米其林綠色指南・日本》評為三星景色。

時間 10:00~22:00(10月16日~4月24日至21:00)
價格 纜車往返大人￥1500、小孩￥700

Tips 若想避開絡繹不絕的觀光
人潮，不妨趁天黑之前先
搭乘纜車登上展望台，欣
賞夕陽一面靜待天黑。

沿南部坂直走約300公尺後左轉
再前進約莫100公尺即在右手邊

步行
7分

十字街駅
函館市電

18:30

函館元町
五島軒

創於明治12年的咖哩洋食店五島軒，單是瀟
灑的洋館外觀就令人印象深刻，店內氣派豪
華的空間與迴廊，充滿懷舊氣息，還曾成為
小說和舞台劇的場景。五島軒的招牌是咖
哩，濃厚略甜的香醇味道，是
從大正年間傳承至今的不
變美味。

Map

Web

沿二十間坂直行
右轉後沿鐵軌前進
即達車站

步行
4分

￥210

搭電車
5分

搭乘函館市電2/5系統
至函館駅前駅下車

時間 11:30~14:30、17:00~20:00
休日 週二，1/1~1/2 價格 明
治の洋食&カレーセット(明
治洋食與咖哩組合)￥3300

函館駅
前駅
函館市電

20:00

Goal !

旭川暢遊
一日輕旅行

北海道第二大城　　旭山動物園　　拉麵
北歐選物　　成吉思汗

旭川地處北海道中心，為北海道三大拉麵的發源地之一。旭山動物園冬日的企鵝散步吸引許多遊人，郊區景點之外，市區更隱藏許多美味老舖、個性商店，造訪時怎能錯過呢！

早
08:30 旭川駅
09:30 旭山動物園

午
12:30 平和通買物公園
　　　梅光軒／午餐
14:30 SUNUSU
16:30 The Sun藏人

晚
18:30 平和通買物公園
　　　成吉思汗大黑屋／晚餐
20:00 旭川駅

JR宗谷本線

JR函館本線

南永山

JR石北本線

旭山動物園

SUNUSU

平和通買物公園

旭川

The Sun藏人

神楽岡

JR富良野線

定番景點・美食串聯 初訪旭川這樣玩！

巴士班次較不密集，建議事先查好時間～

Point!

旭川與台灣間有直飛班機，南往美瑛富良野、北往稚內、東往網走都很便利，是玩道北、道東的最佳出發點！

Start！

08：30

🚌 旭川駅 JR線

¥500

搭巴士 **35分**

旭川駅前6號乘車處搭乘41・47號巴士至「旭山動物園」站

09：30

可愛的企鵝散步是北海道冬天必看的景象之一

旭山動物園

這間位於北國極寒之地的小小動物園，在園方和動物的共同努力下，擺脫閉園的命運，還一舉成為全國入園人次最高的「奇蹟動物園」。這裡採「行動展示方式」，同時考慮到動物原生生態與觀眾心情，在北極熊館的半球形觀測站，讓觀眾感受北極熊從冰下探出頭時看到的世界。

Map

Web

時間 9:30~17:15(依季節而異)　**價格** 大人¥1000、國中生以下免費

11：30

¥500

搭巴士 **35分**

搭乘巴士回旭川駅，站前徒步5分即達

平和通買物公園

12：30

Map

Web

從旭川駅到8条通長約1公里的道路，稱為平和通買物公園，是日本最早的「行人徒步區(步行者天国)」。兩側購物與餐飲店眾多，來台開設分店的旭川拉麵梅光軒也在其中，遊逛途中還可欣賞戶外雕刻作品，多了一抹藝術氣息。

時間 依店家而異

平和通買物公園
梅光軒 本店

13:00

創業於1969年的梅光軒，在許多人心中就是旭川拉麵的代名詞。結合「動物系」與「魚介系」的W湯頭，入口濃醇、入喉卻清爽回甘的滋味，很容易就會一飲而盡。不加蛋的中細捲麵能品嚐到小麥原本的風味，與湯頭是絕佳的組合，加上入味的叉燒與脆口的筍乾，美味得教人著迷。

Map

Web

時間 11:00~21:00(L.O.20:30、週日例假日L.O.20:00) **休日** 不定休 **價格** 醬油拉麵(醬油ラーメン)¥800

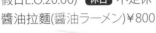

青葉、山頭火等旭川拉麵名店都聚集在這區！

步行 10分

14:30

SUNUSU

外觀清爽的SUNUSU是旭川的知名店家，一樓為雜貨店，販售的商品以北歐雜貨為主，大多是店主實際到北歐尋找、帶回的生活器具，因此不少都是僅此有售或是數量有限的品項，簡約可愛的杯子以外，鍋碗瓢盆也不可少，還有充滿設計感的燈具、精巧的門把等小物，光是挑選的過程就讓人倍感開心。逛完雜貨可別忘了到二樓的咖啡廳，深深淺淺的木頭色澤加上簡約的燈具、杯盤，讓室內充滿溫馨氛圍，不論是獨自前來或是與三五好友悠閒度過，都非常適合。

Map

Web

沿著平和通買物公園走回旭川駅

步行 13分

時間 雜貨、咖啡11:00~19:00(L.O.18:30) **休日** 週三 **價格** 綜合莓果鬆餅¥950

不論是雜貨舖還是咖啡店，SUNUNU都十分值得再訪。

15:55

¥200

旭川駅前27號乘車處搭乘旭川電氣軌道巴士82、84號至神楽岡8の1下車徒步5分

搭巴士 10分

16:30

The Sun藏人

The Sun藏人的石造倉庫利用約3,000個美瑛軟石重建，以現代工法保存明治時代的外觀，一樓販售各式銘菓，二樓則是可俯視全店的咖啡廳，點個本店限定的冰涼泡芙，細緻的口感與淡淡的香甜，吃完後仍感到意猶未盡。

時間 9:00~18:00 價格 藏生￥810/6入

Map

Web

步行
5分

17:30

￥220

円十
25分

搭乘旭川電氣軌道巴士82、84號
至旭川駅站下車徒步11分

平和通買物公園

18:30

成吉思汗 大黑屋

來到旭川千萬別錯過大黑屋的成吉思汗！沒有羊騷味的新鮮肉品以自家醬料調味，還深受女性歡迎、用岩鹽與香草醃製的香草羊肉，每一道約為兩人份，在炭火上燒烤散發陣陣香氣，再點個北海道產蔬菜、泡菜與爽口沙拉轉換口味，搭配上啤酒更是暢快過癮。

時間 17:00~22:30(L.O.22:00)，假日16:00~22:30 休日 不定休 價格 生羔羊 (生ラムプ)￥750、香草羔羊(ハーブ)￥830

Map

Web

步行
11分

返回車站

旭川駅
JR線

20:00

晚上可以到AEON
大買特買～

Goal！

北海道夏季花海 一日饗宴

超廣角之路　薰衣草　富田農場
森林精靈露臺　人氣咖哩飯

夏天就是要來北海道賞花！利用觀光巴士暢遊美瑛絕景「拼布之路」和「超廣角之路」，乘著觀光小火車，來到最負盛名的富田農場，徜徉在紫色薰衣草花海中，夜裡造訪夢幻森林精靈露臺、品嚐人氣咖哩飯，創造美好夏日回憶！

早
08:45 旭川駅
09:30 **美瑛**
　　　拼布之路
　　　超廣角之路

午
12:30 四季情報館
14:00 **富田農場**／午餐

晚
17:35 **富良野**
　　　森林精靈露臺
　　　唯我独尊／晚餐
20:00 富良野駅

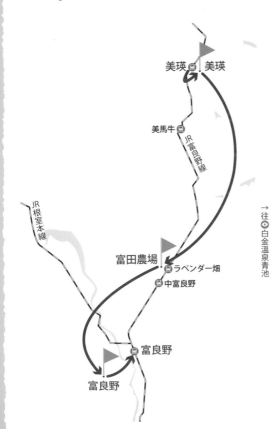

若對體力有自信，也可租自行車遊美瑛地區～

巴士‧觀光列車串聯
玩翻美瑛&富良野行程

Point!

旺季遊美瑛推薦利用美遊巴士，約半天時間可遊覽美瑛、青池等地區，且有多條路線可選擇，費用更只要￥2000！

Start!

🚌 旭川駅
JR線

08:45

￥640

搭乘JR富良野線
至美瑛駅下車

搭電車 **35分**

🚌 美瑛駅
JR線

Tips

上午安排美遊巴士半日行程！

Web

步行至四季情報館前
搭觀光巴士

步行 **2分**

美瑛

拼布之路

09:30

Map

Web

位於美瑛駅西北方的拼布之路是眾多廣告的取景地，可以JR美瑛駅為起點與終點，瀏覽亞斗夢之丘、Ken & Mery之木、Seven Star之木、親子之木、Mild Seven之丘、北西之丘展望公園的景致，此路線全長22.7公里。

時間 價格 依各景點而異

美瑛

超廣角之路

美瑛駅南面的超廣角之路，可以感受美瑛「山丘小鎮」的稜線之美。同樣以美瑛駅為起點，可前往新榮之丘展望公園、美馬牛小學、四季彩之丘、拓真館、千代田之丘展望台、三愛之丘再回到美瑛駅，全長23.6公里。

時間 價格 依各景點而異

Map

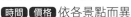

12:30 四季情報館

Map

Web

無論是想詢問觀光資訊、小憩一下，還是想採買紀念品，來到這裡一次就能滿足你多種渴望。一進入四季情報館便會被色彩明亮的商品所吸引，鮮艷的手作小物、風景明信片等，每樣商品都十分吸睛。

時間 6～9月8:30～19:00、5、10月8:30～18:00，11～4月8:30～17:00

休日 12月31日～1月5日

可愛的綠色列車有著大扇的觀景窗戶，將美景完整地映入眼簾。

步行 2分

13:00 ¥750

美瑛駅 JR線

搭乘夏季限定的「富良野・美瑛慢車號」至ラベンダー畑駅下車

搭電車 34分

ラベンダー畑駅 JR線

步行 7分

14:00 富田農場

富田農場是富良野名氣最響亮的花田農場，也是最早將「富良野＝薰衣草」的印象，深植到所有人心中的幕後功臣。廣大的園區內大致分成5大花區，其中浪漫的紫色薰衣草田，以及有如華麗花毯一般的彩色花田是最具代表性的景觀。園區內也有提供午餐和小點，吃吃喝喝賞花最開心！

Map

Web

時間 自由入場；設施營業時間依季節而異，約為9:00～17:00 價格 免費

步行 20分

趁等車時間，可到富良野小學內的北海道中心標拍張紀念照！

16:30 ¥300

中富良野駅 JR線

搭乘JR富良野線至富良野駅下車

搭電車 10分

17:10 ¥260

富良野駅 JR線

富良野駅前搭乘富良野巴士薰衣草號至終點新富良野王子大飯店下車

搭巴士 18分

別忘了嚐嚐這裡最有名的紫色薰衣草霜淇淋！

17:35

富良野

森林精靈露台

位在新富良野王子大飯店旁樹林中的森林精靈露台，樹林內共有15棟用木頭搭建的小屋，裡面賣的全是富良野創作家們的手作商品，像是貓頭鷹和迷你樂隊的木雕、以冰雪為主題的玻璃小物、鐵製狐狸開瓶器、木頭或蘑菇造型的蠟燭等，都很精緻可愛。

⏰ 時間 12:00~20:45
(依天候、季節而異)
休日 依店家而異

露臺旁的森之時計咖啡廳曾是日劇拍攝場景，可順道來這裡歇歇～

晚上整區還會打上燈光，更添氣氛

約¥1700

計程車

10分

飯店前搭乘計程車往唯我独尊

富良野

17:35 ## 唯我独尊

這家超人氣的咖哩店使用原木搭建充滿著原始氣息的店內，提供手工製作的香腸以及黑咖哩。大受歡迎的招牌咖哩飯，可是老闆共花了5天時間，調和數十種蔬菜以及29種香料精燉出來的獨門美味，濃厚口味只要吃過一次就忘不掉。

時間 11:00~21:00(L.O.20:30) 價格 自家製香腸咖哩(自家製ソーセージ付カレー)¥1,290

20:00

富良野駅
JR線

Goal !

釧路濕原
一日緩慢行

釧路濕原慢車號　獨木舟　勝手丼
世界三大夕陽　大自然

綠色無垠的濕原以及蜿蜒其中的釧路川,構成一幅如夢般的天然風景。釧路濕原是日本第一個登錄拉薩姆爾公約的溼地保留地,也是日本範圍最大的濕原。這裡的原始自然,是許多珍貴動植物的居地,等著與你相遇。

早
07:45 釧路駅
08:30 釧路Marsh & River

午
12:00 釧路
　　　和商市場/午餐
14:15 細岡展望台

晚
16:00 釧路
　　　漁人碼頭MOO
　　　爐端 煉瓦/晚餐
　　　幣舞橋
19:30 釧路駅

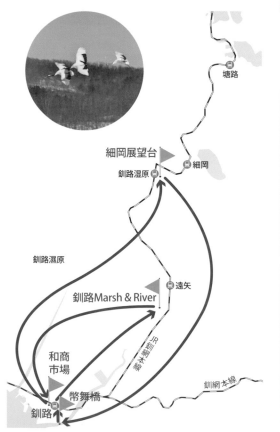

塘路

細岡展望台
細岡
釧路湿原

釧路濕原

遠矢

釧路Marsh & River

JR釧網本線

和商市場

幣舞橋

釧路網本線

釧路

必遊景點·體驗串聯 釧路濕原深度遊行程

擁抱大自然,一日生態教室上課囉!

Point!

JR釧網本線班次不多,若以鐵道為主要交通工具,須妥善注意時間上的安排。若沒有打算搭乘觀光列車,建議以租車移動較佳。

Map

Web

Start!

07:45
🚌 釧路駅
JR線

步行 **1**分

07:55
¥490
搭巴士 **39**分

釧路駅前巴士站2號乘車處,搭乘[35]遠矢線,至パーク108下車,再步行約1分鐘即達

釧路Marsh & River

位於釧路濕原國家公園的自然體驗中心Marsh & River提供各式自然體驗服務,其中最廣為人知、也最受歡迎的就是獨木舟體驗活動,可以沿著濕原上蜿蜒的河川,以不同的角度感受濕原之美。沿路上,專業導覽人員會介紹這裡的動植物生態,幸運的話還能看見低空飛過的丹頂鶴呢!

時間 8:00~19:00 **休日** 不定休 **價格** 獨木舟大人¥9,500、小孩¥5,500(預約制)(依照方案稍有不同) **註** 車站免費接駁須提前預約

08:30

11:00

Tips
多人可選擇搭乘計程車,車程25分鐘費用約¥3000

¥510
搭巴士 **47**分

至パーク108巴士站,搭乘[35]遠矢線至釧路駅下車

12:00 釧路

和商市場

位於釧路駅前的和商市場,和函館朝市、札幌的二条市場並列為北海道三大市場。和商市場內聚集約80家店,這裡最有趣的是「勝手丼」文化。首先你得先到有賣飯的店買飯,然後拿著這碗飯到各個攤販前去購買你想吃的海鮮,不論是生魚片、海膽、鮭魚任君挑選,便宜又豐盛。

時間 8:00~17:00(依季節而異)
休日 週日(詳見官網)

Map

Web

任君搭配的勝手丼是當地的名產

13:35 ¥440

釧路駅
JR線

搭電車 23分　搭乘釧路濕原慢車號，至JR釧路湿原駅下車

釧路湿原駅
JR線

步行 10分　出站沿山坡遊步道徒步

14:15

釧路濕原慢車號

釧路濕原慢車號為日本最慢的列車，以優雅緩慢的速度劃過濕原，行駛於濕原最美麗的路段「釧路—塘路」。為了方便乘客眺望濕原風貌，擁有大型開放型窗戶，搭配上車掌先生的生態環境解說，簡直是最快樂的戶外自然教室！
區間　釧路～塘路
時間　僅4月~10月運行　價格　釧路~塘路¥640、釧路~細岡¥540，指定席加¥840

Web

細岡展望台

細岡遊客中心上方的細岡展望台，是釧路濕原中具代表的風景地，因為它位於視野良好的山丘上，因此便有「大觀望」的美名。在這裡可以看到釧路川以蛇行之姿穿流過濕原，遠處則能望見雄阿寒岳、雌阿寒岳、阿寒富士等山脈。
時間　自由參觀

Map

Web

從展望台眺望，無際的翠綠正是釧路濕原的代表風光。

冬季可搭乘冬之濕原號、流冰物語號，欣賞夢幻白色世界～

步行 10分

釧路湿原駅
JR線

15:10 ¥440

搭電車 23分　搭乘釧路濕原慢車號，至JR釧路駅下車

出站沿北大通直行，幣舞橋前右轉即達

步行 **13**分

🚃 **釧路駅**
JR線

16:00

釧路
漁人碼頭MOO

位在幣舞橋河邊的漁人碼頭MOO，是棟大型的土特產品購物中心兼美食廣場，想要一網打盡所有釧路及道東名產，走一趟漁人碼頭MOO準沒錯，還可在裡面的郵局一次買齊北海道限定明信片唷。

時間 1F購物10:00~19:00(依季節而異)、2~3F餐廳11:30~24:00(依店家而異) 休日 1月1日

步行 **1**分

17:00

釧路
爐端 煉瓦

釧路是爐端燒的發源地，「煉瓦」是許多人造訪釧路的必吃餐廳。建築由明治末期的倉庫改裝而成，不但可以親手體驗燒烤的樂趣，而且因為這裡是由海產公司所自營，所以用的海鮮新鮮美味、價格便宜，是吃爐端燒的絕佳去處。

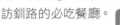

Map

Web

時間 17:00~23:00(L.O.餐點22:00、飲料22:30)
休日 年中無休

Map

Web

步行 **5**分

18:30

釧路
幣舞橋

幣舞橋為釧路市最重要的地標，更是北海道的三大名橋之一，橋的兩邊立有4座優美的「四季之像」人形雕塑，在夕陽的映照下格外優雅。夜晚打上燈光的幣舞橋，襯映著對岸MOO廣場的光芒，更散發出難以言喻的美感。

Map

Web

時間 5~8月日落時間約在18~19點間

優美的橋樑在夕陽時分尤其美麗

步行 **15**分

🚃 **釧路駅**
JR線

19:30

Goal!

道東湖景
展望一日遊

摩周湖　砂湯　露天溫泉
硫磺山　道東三湖

摩周湖是人跡無法靠近、宛如高山之瞳的神秘之湖；屈斜路湖則以每年飛來的大天鵝，以及只要挖個洞就會有溫泉湧出的砂湯聞名。這裡還有歷史悠久的知名溫泉地川湯溫泉，可以消除旅途的疲憊。

早
10:00 川湯溫泉駅
10:30 摩周湖

午
12:00 ORCHARD GLASS／午餐
13:30 硫磺山
14:15 川湯溫泉
15:30 屈斜路湖
　　　古丹溫泉

晚
17:30 川湯溫泉駅

川湯溫泉

♨砂湯

屈斜路湖

🚉川湯溫泉

硫磺山

JR 釧網本線

摩周湖

♨古丹溫泉

🚉美留和

第一展望台•

↓往🚉摩周駅

雙湖精華景點串聯 自駕樂遊行程

各景點間交通銜接不易,以自駕最為方便省時～

Point! 由釧路駅出發,沿國道391號或道道53號行駛,約1個小時35分車程(約88公里),可達川湯溫泉駅。

Start!

住宿川湯溫泉,晚上還可以報名參加摩周湖觀星號巴士!

10:00 川湯溫泉駅 JR線

開車 **19分**

沿道道422號直行,於國道391號向左轉,至道道52號左轉再開約22公里,即達第一展望台。

10:30 摩周湖

摩周湖曾在1931年測出湖水透明度為41.6公尺,在當時創下世界排名透明度最高的紀錄。湖周約20公里,最深處為211.4公尺,四周則被絕壁重重包圍,人類無法碰觸也無法抵達,因此只能從3個展望台,眺望在濃霧間若隱若現的深藍湖水,摩周湖也因此贏得「神秘之湖」的稱號。

(時間) 自由參觀 (價格) 停車場¥500,可在第一展望台及硫磺山各停1次。停車場11月下旬~4月上旬可免費停車 (備註) 摩周湖的第三展望台和裏摩周展望台冬季封閉

Map

從第三展望台出發,走回道道52號,接國道391號,再轉至道道422號

開車 **13分**

12:00 **ORCHARD GLASS**

ORCHARD GLASS內是充滿歷史感的高挑空間,從掛於牆上的圖畫、古老的鐵道商品到歷史悠久的點唱機、柴火暖爐,全都加深了店內的懷舊。ORCHARD GLASS的料理使用道產新鮮食材製作,招牌牛肉燉飯不僅牛肉多汁軟嫩、馬鈴薯鬆軟,伴著濃郁香醇的醬汁大口大口下肚,讓人無比滿足。

(時間) 10:00~16:00 (休日) 週二,不定休 (價格) ビーフシチュー(牛肉燉飯)¥1,800 (停車位) 20個

Map

姊妹店suite de baraques
café提供美味的甜點～

車站附近有間義式冰淇淋店Cream童話，多元口味值得推薦！

開車
5分

走道道422號，於國道391號右轉，至道道52號右轉

13:30 硫磺山

硫磺山是一座活火山，山腹處常可觀看到煙霧裊裊的噴氣，並帶有濃濃的硫磺味。這裡還可看到罕見的低海拔高山植物，山麓的蝦夷磯杜鵑廣達100公頃，每到約6月中旬~7月上旬便綻放小巧白色花朵，美麗姿態值得一看。

時間 自由參觀　**價格** 停車場￥500，可在第一展望台及硫磺山各停1次。11月下旬~4月上旬可免費停車

沿道道52號直行

開車
5分

14:15 川湯溫泉

川湯溫泉的溫泉量十分豐沛，白色濃濁的硫磺泉具有特別的療效，溫泉街上還有溫泉足湯，可供人泡腳。冬天時，川面上的溫泉蒸氣遇到嚴寒的冬夜會下起「冰霰」，閃爍迷離的光景十分美麗。

時間 自由參觀

沿道道52號往湖邊直行

開車
8分

15:30

屈斜路湖

面積79.3平方公里的屈斜路湖,是北海道的第2大湖。這裡除了擁有優美湖景,還有直接與湖水相鄰、用石塊圍成的露天溫泉,以及只要自己挖個洞就有溫泉流出的砂湯等。另外,也因為砂湯溫泉的關係,靠近溫泉的湖水到了冬天也不會結冰,每年都吸引約400~500隻大天鵝飛來這裡過冬。

 Map

時間 自由參觀

 Web

只要DIY就可以自己動手挖出一池足湯,十分有趣!

沿道道52號行駛　**開車 2分**

16:15

若打算夜宿網走,可順道造訪美幌岬~

屈斜路湖

古丹溫泉

 Map

距離屈斜路湖岸才1公尺之近,用岩石堆砌成的露天溫泉風呂與湖面同高,就好像泡在湖裡一樣。入口處附設有男女分開的更衣室,可換泳衣入池。每到10月下旬,身形優雅的大天鵝便開始聚集在湖邊,與湖光山色交織出動人美景。

往南走道道52號,於國道243號左轉行駛5公里後左轉,再接國道391號　**開車 14分**

川湯溫泉駅 JR線

17:30

時間 自由入浴(清掃時間不開放)　**費用** 免費

Goal!

網走冬季體驗小旅行

冬季限定　破冰船　網走監獄
吃牢飯　流冰生態

說到網走,腦海中浮現的關鍵字就是「監獄」和「流冰」,冬季造訪網走最能感受到這裡的魅力。早晨來場獨特的破冰之旅,下午至網走監獄體驗當個半日犯人,順道參觀流冰館,觀光重點一天玩透透!

早
09:00 網走駅
09:30 流冰觀光破冰船

午
12:00 網走監獄博物館／午餐
15:10 鄂霍次克流冰館

晚
17:00 網走駅

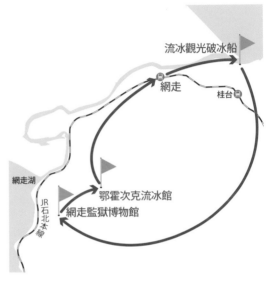

嚴選三大必遊景點 一日網走定番行程

網走景點多半分散在郊區，自駕遊會更彈性～

Point! 利用網走巴士「觀光設施周遊線」，串聯博物館網走監獄和流冰館等偏離市區的景點，一日券￥1500(可享門票折扣)。

Start!

09:00 網走駅 JR線

￥200 搭巴士 10分

網走駅前1號乘車處搭乘網走巴士，至流冰砕氷船のりば站下車

09:30

網走期間限定景點

8月~10月可到能取湖畔欣賞赤紅的珊瑚草群！

5月~6月下旬東藻琴芝櫻公園鋪滿燦爛花毯，景色如夢似幻。

6月中旬~8月，小清水原生花園開滿了近40種的各色野花！

5月~10月中旬鄂霍次克花栗鼠公園與花栗鼠的近距離接觸

流冰觀光破冰船

隨著氣溫越降越低，大約1月20日左右、在所謂的「流冰初日」時，僅憑肉眼，就可在鄂霍次克海的沿岸看到海平面上的雪白冰原；一年一度的破冰船觀光季也就此揭開序幕。搭乘流冰觀光破冰船「極光號」可以享受破冰快感，一面觀賞流冰、一面深入流冰包圍的壯闊海域，還有機會能看見可愛的小海豹呢。

時間 約1月20日~3月底：1月 9:00~15:00每2小時1班，2月~3/14 9:30~15:30每90分1班，3/15~3/31 9:30~13:30每2小時1班，登船至開航前15分。 **價格** 大人￥4000、小孩￥2000 **備註** 當日有空位的話可以現場搭乘，但最好事先以電話或網路預約

Map

Web

11:45

￥310 搭巴士 15分

流冰砕氷船のりば搭乘網走巴士「觀光設施周遊線」，至博物館網走監獄下車

12:00

網走監獄博物館

Map

Web

於明治23年(1890年)設置的網走刑務所,現已規劃成博物館的網走監獄,完整呈現當時的監獄樣貌與生活,特殊的「五條式放射狀牢房」設計,只需一個警衛,就可看管所有牢房,其他如澡堂、懲罰用獨居黑牢也都讓遊客身歷其境,還可以嚐嚐現在在網走刑務所供應的「監獄食」呢。

時間 9:00~17:00(入館至閉館前1小時) **價格** 大人￥1500、高中大學生￥1000、中小學生￥750(於網站列印折價券可享9折優惠)

監獄食

在監獄食堂有監獄食供民眾品嚐,供應時間為11:00~15:30(L.O.14:30),而監獄食的飯菜正是現在網走刑務所中提供的菜色,在監獄裡吃「牢飯」,別有一番滋味。

明治×昭和的兩大逃獄王「白鳥由榮」、「西川寅吉」

15:00

￥190

搭巴士
8分

回巴士站搭乘網走巴士「觀光設施周遊線」,至天都山(流氷館)下車

15:10

鄂霍次克流冰館

Map
Web

從燈光幽藍的樓梯緩步而下,地下室的水族箱裡展出多種海洋生物,模擬流冰形狀的牆面則映照出優游的海豹或是流冰天使,一旁還有流冰幻想劇場,可以欣賞鄂霍次克海的珍貴影像,最有趣的「流冰體感室」裡不但有120噸的流冰實物,藉由燈光變換還能欣賞流冰一日內的不同風情,非常有趣。

時間 5~10月8:30~18:00、11~4月9:00~16:30、12月29日~1月5日10:00~15:00(入館至閉館前30分)

價格 大人￥770、高中生￥660、中小學生￥550

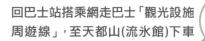

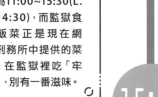

館內還販售撒上流冰鹽的冰淇淋,十分特別!

16:45
¥340

搭乘網走巴士「觀光設施周遊線」
至網走駅下車

搭巴士
13分

17:00

網走駅
JR線

Goal !

生存的壓力激發出北方
民族特有的文化

北方民族博物館

北方民族博物館以北海道、加拿大、俄羅斯等在北方生活的民族為主題，展出生活在自然條件惡劣的情況下，各民族是如何克服大自然的限制而發展出自己的文化與生活。透過觀賞這些生活在極寒地帶民族的傳統服飾、捕魚工具等文物，可以對人類適應環境的能力及生命的可能性有進一步的了解。

交通 網走巴士「觀光設施周遊線」至北方民族博物館站下車即達 時間 9:30~16:30、7~9月9:00~17:00 休日 週一(如遇例假日則改休週二)、年末年始、不定休，2月、7~9月無休 價格 大人￥550、高中大學生￥200、中學以下及65歲以上免費

網走鄂霍次克流冰祭

北海道冬天處處皆有著冰雪盛宴，在網走的流冰祭會場中，一座座魄力滿點的巨大雪像與雕工精細的冰雕，點上燈光後就像在童話世界般地夢幻，舞台上則會有各式的演奏及表演活動。

交通 JR網走駅搭乘網走巴士約10分至「道の駅流冰街道網走」，下車後徒步10分 時間 2月中旬約10:00~20:00通常為期3天

©網走市觀光課

東北排行程入門指南

秋田縣
山形縣
青森縣
岩手縣
宮崎縣
福島縣

日本東北古稱「奧羽」，六縣佔據日本本州三分之一面積，這塊土地擁有得天獨厚的自然美景，一年四季皆有不同風情。青森睡魔、盛岡三颯舞、山形竿燈、宮城七夕、福島草鞋等夏日撼動人心的祭典，讓東北人氣居高不墜，吸引遊人一再造訪。

Q

我到東北觀光要留幾天才夠？

A

東北面積廣大，內陸地方交通不甚便利，**每次旅程至少要5天4夜**。新手建議以仙台為主，放射式玩周邊的區域，或者安排新幹線沿線的景點，較為得心應手。若想一次**攻略東北六祭**，則至少需要**7天6夜**的時間。

Q

天氣跟台灣差很多嗎？

A

夏天氣溫涼爽，大致在**25~30度**之間，春秋早晚溫差大，尤其初春和晚秋氣溫可能會達10度以下，需注意保暖。**東北地方的冬天比台灣冷上許多**，不僅溫度時常逼近0度，甚至低於0度，各地皆有下雪機會，保暖防風的衣物、手套、毛帽是必不可少的裝備。

Q

什麼季節去最美？

A

東北四季皆有獨特美景！8月上旬東北六祭輪番上演，是全年最熱鬧的時候，想體驗夏日氣氛這時來就對了！若想要賞櫻，4月下旬較佳，11月份進入賞楓季節，奪目的紅葉為山頭染上詩意。冬季的樹冰、雪之迴廊的雪國景色，也吸引不少旅客爭相造訪。

有了基本認識後，現在就來打造最適合自己的旅遊行程吧！

從機場要搭什麼車進入市區

仙台機場→各地市區

仙台機場位於南東北,只要抵達仙台駅,接下來要到東北各地都不是問題,即使是想前往東北最北端的青森,搭新幹線也只需約2個小時便可到達,非常地便捷。

高速巴士
◎快速路線與價格指南

仙台空港線
◎快速路線與價格指南

目的地	交通方式	乘車時間	價格
仙台駅	仙台空港線普通車	25分	¥660
仙台駅	仙台空港線快速	17分	¥660

目的地		交通方式	乘車時間	價格
宮城	仙台駅	タケヤ交通	約45分	¥660
	秋保溫泉	タケヤ交通 (在仙台站63號站牌轉搭往川崎方向的巴士)	約1小時20分	¥1520
山形	山形藏王*	山交巴士 (預約制,自仙台站發車)	約1小時25分	¥1800
	酒田駅前	羽後交通 (預約制,自仙台站發車)	約3小時10分	¥3600
	本荘駅前	羽後交通 (預約制,自仙台站發車)	約4小時30分	¥4400

*冬季限定

仙台空港鐵道

タケヤ交通

山交巴士

羽後交通

租車自駕

仙台機場內設有租車預約櫃台,距離機場徒步不到5分的距離,也有多家租車公司的租車據點,可以先到機場內的服務櫃檯詢問,再由專人帶領到服務據點,只要出發前先上網預約,到了機場就可以馬上開始自駕之旅。

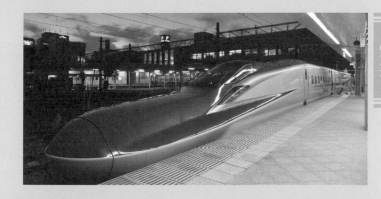

東北其他機場→市區

出發地	目的地	交通方式	乘車時間	價格
青森機場	青森駅	JR巴士	35分	¥860
	弘前駅	弘南巴士	55分	¥1200
秋田機場	秋田駅	秋田中央交通	40分	¥950
花卷機場	花卷駅	岩手縣交通	7分	¥300
	盛岡駅	岩手縣交通	43分	¥1430
	安比高原*	岩手縣北巴士	1小時20分	¥2300
山形機場	山形駅	山形空港シャトル	35分	¥1300
	銀山溫泉	山形空港觀光バス	1小時25分	¥1500
	蔵王溫泉*	山形空港觀光ライナー	1小時	¥3000
福島機場	郡山	福島交通	45分	¥1120
	会津若松駅	会津巴士	2小時30分	¥2000

懶人看這裡就對了!

	機場巴士	一般鐵路	直達列車(僅仙台)	計程車
行李又多又重	○	△	△	○
只要便宜就好	△	○	○	×
只要輕鬆就好	○	×	△	○
沒時間,要快點	△	×	○	△

○=適合　△=還可以　×=不適合

東北的東西南北
馬上看懂

青森

青森機場

青森縣

弘前公園

白神山地
十二湖

不老不死溫泉

十和田
現代美術館

奧入瀨溪

十和田湖

岩手縣

宮古

盛岡

花卷機場

乳頭溫泉

田澤湖

角館武家屋敷

秋田縣

秋田

JR鐵路快譯通

東北鐵路系統由JR東日本和
地方私鐵公司營運，主要以東
北新幹線、山形新幹線和秋
田新幹線串聯各大城市，做
行程規劃前不妨先參照鐵道
路線網，安排出較為合適的
旅遊路線吧！

JR
東日本
路線總圖

我要住哪一區最方便？

仙台：

位居交通要塞，市內交通也十分完善，往南往北都很便利。隨著東北旅遊的興盛，仙台周邊的飯店如雨後春筍般增加，選擇多、品質整體上也較其他地區佳。仙台更是東北第一大城，吃喝採買不怕沒地方去。

盛岡：

為北東北地區(青森、岩手、秋田)的重要中樞地點，有東北新幹線和秋田新幹線停靠，特別適合遊玩三陸地區、秋田、青森等地的旅人，但單華程度無法與仙台相比，入夜後較沒地方可逛。

平泉

嚴美溪

宮城縣

松島

仙台

仙台機場 ✈

藏王狐狸村

山形縣

銀山溫泉

山寺

山形機場 ✈

山形

藏王樹冰

◉福島

郡山 ◉

福島機場 ✈

猪苗代湖

會津若松

福島縣

大內宿

新潟縣

栃木縣

有什麼優惠車票適合我？

	JR東日本鐵路周遊券（東北地區） JR EAST PASS（Tohoku area）	JR東北・南北海道鐵路周遊券 JR Tohoku -South Hokkaido Rail Pass
使用區間	東北地區新幹線 JR東日本全區域（含BRT）、 青之森鐵路線 IGR岩手銀河鐵路線 仙台機場鐵道線全線 東京單軌電車 伊豆急行線 東武鐵道線（栗橋~鬼怒川、東武日光），下今市~鬼怒川；栗橋~下今市僅可乘坐與東武鐵道互通直達的特急列車（上車、下車車站非JR線車站時無法使用）。	東北・北海道新幹線 JR東日本全區域（含BRT） JR北海道（道南地區） 青之森鐵路線 IGR岩手銀河鐵路線 仙台機場鐵道線全線
價格	￥20000	￥24000
有效時間	連續5天	連續6天
使用需知	・欲搭乘特急指定席需劃位(不限次數) ・「日光」號、「鬼怒川」號等列車全車廂均為指定座席。如未兌換指定券則不可乘車 ・可乘坐區域內的JR巴士 ・不可搭乘東海道新幹線	・欲搭乘新幹線/特急指定席需劃位(不限次數) ・無法搭乘JR巴士 ・無法搭乘五稜郭到木古內的道南ISARIBI鐵道。 ・另有JR東日本・南北海道鐵路周遊券
售票處	**JR東日本網路訂票系統** **JR東日本旅行服務中心：**成田機場第1、2、3航廈、羽田機場第3航廈、東京、新宿、池袋、青森、仙台、秋田等站 **JR綠色窗口：**成田機場第1、2、3航廈	**JR東日本旅行服務中心：**成田機場第1、2、3航廈、羽田機場第3航廈、東京、新宿、池袋、青森、秋田、盛岡、仙台、山形、福島、橫濱、品川等站 **JR綠色窗口：**成田機場第1、2、3航廈、登別、新函館北斗 **JR外籍旅客服務處：**新千歲機場、札幌
官網		
購買身分	持觀光簽證之非日本籍旅客，購買需出示護照。	持觀光簽證之非日本籍旅客，購買需出示護照。

東北高速巴士周遊券 TOHOKU Highway Bus Ticket	W票券&白雪W票券 W Ticket & SHIRAYUKI W Ticket	會津周遊卡 会津ぐるっとカード	仙台2日券 THE SENDAI MARUGOTO PASS
無限搭乘東北6縣101條高速巴士路線	指定區間來回1次或單程2次 W票券有6種組合 白雪W票券有3種組合	福島會津地區的各種巴士(會津巴士、磐梯東都巴士、時尚巴士、小紅牛巴士) 會津鐵道 JR會津區域	JR線(仙台、松島、松島海岸、山寺、白石區間) 仙台機場線 Loople仙台 仙台市營巴士 仙台市地鐵 宮城交通(仙台站~秋保大瀧瀑布) 阿武隈急行(槻木~阿武隈)
2日¥6000 3日¥8000	¥1460起	¥2720	¥2720
連續2/3日	1個月內	連續2日	連續2日
・16條路線須事先預約,其餘可直接搭乘 ・巴士車身貼有「TOHOKU HIGHWAY BUS TICKET」LOGO貼紙的巴士都可搭乘 ・上車、下車時須向司機出示票券 ・可免費攜帶一件行李 ・車上是否有廁所、插座,取決於各車型的配置	・此通票為磁卡可直接走自動改閘口 ・欲搭乘指定席需另外購買指定券 ・若搭乘全車指定席的車輛,可用「站票」的形式站在車廂內	・現場購買票券,限當日使用完畢 ・欲搭乘特急列車或指定席,需另外購票 ・享沿線部分住宿、餐廳折扣	・不含樂天接駁車 ・另有1日券,限外國旅客購買 ・自動售票機購票僅限當日使用 ・享沿線觀光、餐飲設施等折扣
仙台機場、東北6縣各大巴士站 或事先在Japan Bus Online購票	JR東日本各設定區間車站綠色窗口、指定席售票機	使用範圍內JR東日本各大車站綠色窗口、旅行服務中心、會津鐵道、會津巴士各大站等	JR東日本主要車站的綠色窗口、指定席售票機、各大旅行社以及仙台機場站的購票機等處購買
持觀光簽證之非日本籍旅客,購買需出示護照。	無限制	無限制	無限制

來一趟青森市藝術美食雙饗宴！

青森只有睡魔祭才好玩嗎？那可不！巨大青森犬坐鎮的縣立美術館、華麗燈籠齊聚的睡魔之家，以及遠古文明的三內丸山遺跡都是青森市的熱門景點，更別忘了大啖鮮美海鮮和蘋果，青森比你想的多更多！

早
09:00 青森駅
09:30 青森縣立美術館
　　　　三內丸山遺跡

午
12:10 古川市場／午餐
13:30 青森縣觀光物產館ASPAM
　　　　睡魔之家WARASSE

晚
17:00 A-FACTORY／晚餐
19:00 青森駅

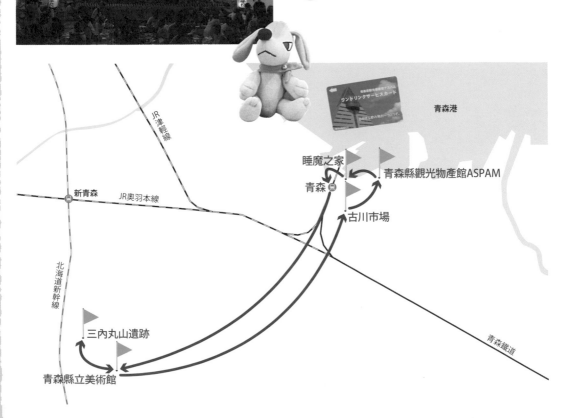

青森港

JR津輕線

睡魔之家

青森縣觀光物產館ASPAM

青森

古川市場

新青森　JR奧羽本線

北海道新幹線

三內丸山遺跡

青森鐵道

青森縣立美術館

藝術、文化、港灣、蘋果，青森市街一日吃喝趣

市區景點集中，適合悠閒地走走逛逛、買買吃吃～

Start!

Point!

睡魔祭的會場就在物產館旁的青之海公園，這條路線只要稍微調整一下，也適用祭典期間！

09:00 ¥280
青森駅 JR線

車站前搭乘市營巴士三內丸山遺跡線，至縣立美術館前下車

搭巴士 **25分**

青森縣立美術館

09:30

潔白無瑕的二層樓現代建築，收藏的作品多為青森縣出身的藝術家所創作，例如當代藝術家奈良美智等，另外也大量收集與青森縣相關的創作。不只展品，室內空間也像一個迷宮般，不時可以看到空間的盡頭與延伸感交錯，相當有趣。

時間 9:30～17:00 **休日** 每月第二、四個週一(逢假日順延一天)；年末年始 **價格** 大人¥510，大學高中生¥300，國中小學生¥100

別的選擇

三內丸山遺跡

1992年發現的三內丸山遺跡證明繩文時代的人擁有固定處所，並有相當的文明。已出土的遺跡規模龐大，其中5座代表的豎穴式住居已對外開放。展示室內還可參觀出土遺物及挖掘過程的相關資料，是一座讓人感受時光倒流的遠古寶庫。

交通 縣立美術館徒步6分即達
時間 10~5月9:00~17:00，黃金週、6~9月9:00~18:00 **休日** 12月30日~1月1日，每月第4個週一
價格 大人¥410，大學高中生¥200，國中以下免費

人氣第一的青森犬展示在戶外，能免費大拍特拍！

11:45

¥250

搭巴士 **18**分

搭乘市營巴士三內丸山遺跡線，
至古川下車，徒步3分即達

12:10 古川市場

Map

Web

來到被稱作「古川市場」的青森魚菜中心，只要買幾張食券、再換一碗白飯，就可以開始逛好料了。干貝、鮭魚、前澤牛，只要看中意就請店家加上去，兩、三百元就可以加好幾片鮪魚，百元選擇也很多元，店家一豪邁起來還會自動升級加大呢。

時間 7:00~16:00，依各店鋪而異 休日 週二、1月1日、2日 價格 のっけ丼食券10張¥2000(以食券交換飯與食材)

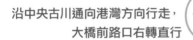

步行 **10**分

沿中央古川通向港灣方向行走，
大橋前路口右轉直行

13:30 青森縣觀光物產館ASPAM

Map

Web

這棟三角形的建築物，即是以青森英文拼音（AOMORI）之頭文字A為形來打造的觀光物產館，可説是青森市的地標。該館兼具遊客中心、土產店、展望台等多元化功能，滿足旅人玩樂採買需求。

時間 8:30~19:00，店鋪營業時間與休日各異 休日 12/31 價格 入館免費，展望台、映像館聯票大人¥850、高中國中生¥650、小孩¥450

青之海公園到夏天會變成睡魔祭的會場！

沿著往港灣大橋下直走，
巴士停車場後方的紅色建築即是

步行 **6**分

15:00

5~8月9:00~19:00，9月至4月9:00~18:00

睡魔之家WARASSE

青森睡魔祭是規模最大、最有名、動員人數最多的睡魔祭，每年更多達三百萬人參與。睡魔之家內數十輛巨型彩車燈一字排開，以神話與歷史故事打造的燈車色彩濃豔、肢體張揚，都是青森睡魔祭得獎力作，館內多媒體與歷史資料的展示也很完備，可作為認識睡魔祭的第一站。

時間 5~8月9:00~19:00，9月至4月9:00~18:00
休日 12月31日~1月1日，展示品更換期間　價格
¥620，高中生¥460，中、小學生¥260

對面的白色建築即是

步行 **2**分

A-FACTORY旁的港灣大橋是情侶散步的熱門地點～

睡魔之家

17:00

A-FACTORY

白色外觀、大片落地窗、相連的三角屋頂，還有大大的蘋果圖樣，這裡是複合設施A-FACTORY，簡約可愛的建築內不僅有運用在地食材的漢堡、法式可麗餅，一樓的Food Marche更是採購伴手禮的好選擇，A-FACTORY同時也是青森蘋果西打酒的釀造工房，可以看到釀酒過程，多重體驗使這裡成為新興景點。

時間 Food Marche 10:00～19:00，1樓餐廳11:00～18:00，2樓餐廳11:00～20:00(每月營業時間可能稍有不同)

車站就在旁邊

步行 **2**分

青森駅
JR線

19:00

最後再來帆立小屋吃一波～

Goal!

十和田森林芬多精
健行輕旅行

健行　奥入瀨溪　深度旅行

乙女之像　十和田湖

在十和田，不僅可以欣賞十和田湖迷人的湖岸風光，以及奧入瀨溪瀑布溪流交迭的自然景觀，十和田市區的現代美術館更是一大亮點，與自然美景交融的氛圍讓人深深著迷。

早	**08:00** 八戶駅 **08:45 十和田市現代美術館** **11:15 奧入瀨溪**
午	**14:15 十和田湖** 　　　乙女之像
晚	**17:45 えびす家／晚餐** **19:00** 八戶駅

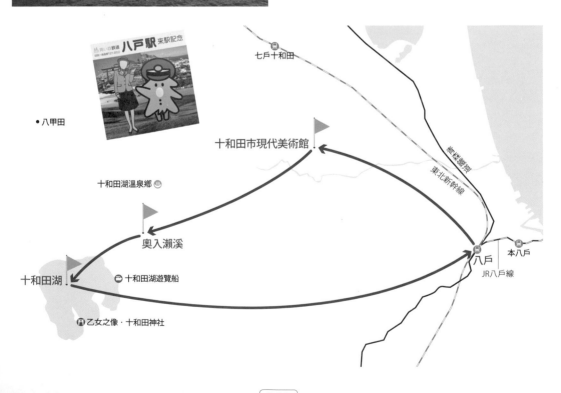

藝術自然滿喫　享受一趟忘憂健行之旅

奧入瀨溪半日健行，記得穿舒適好走的鞋～

5 東北

Point!　秋季是十和田湖最美的季節，建議於10月底時來趟「紅葉狩(もみじがり)」之旅。

Start!

08:00　¥1330

八戶駅　JR線·青森鐵道

車站前搭乘JR巴士奧入瀨號，至十和田市現代美術館下車

搭巴士 **40**分

Tips　使用全國版JR PASS可免費搭乘JR巴士，也可購買2日巴士券¥5800。

08:45　**十和田市現代美術館** Map

十和田市現代美術館是近年新興的藝術聖地，這座嶄新的藝術空間裡有許多超現實的作品，館內到處都是藝術亮點，觀賞過程中更是處處驚奇，藉由觀看者與藝術品的互動才完整了作品意義。館外的藝術廣場還有許多趣味展品，也成為遊客來到十和田的必訪景點。 Web

時間 9:00~17:00 **休日** 週一(遇假日順延一天)、年末年始 **價格** 特別展及常設展套票¥1800，高中生以下免費

官廳街通兩旁櫻花盛開的風景美不勝收！

10:15　¥1450

搭巴士 **1**小時　搭乘JR巴士奧入瀨號，至石之戶下車

健行前記得先
準備好飯糰麵
包當午餐。

11:15 **奧入瀨溪**

Map

Web

青森縣境內的奧入瀨溪是
唯一從典型火山口湖十和田湖
流出的清澈溪流，總長約14公里。
沿步道前進，一路上盡賞瀑布、
奇岩和池沼絕景奇觀，讓人見識
到奧入瀨溪流千變萬化的大格局之
美。推薦的健行路線為景色最美的
石之戶～銚子大瀧間，約7公里長。

銚子大瀧是奧入瀨
溪中最大的瀑布～

13:54
¥770

搭巴士
20分

步道沿途有巴
士停靠，走累
了可以繼續搭
車前進。

從銚子大瀧搭乘JR巴士，
至十和田湖(休屋)下車

14:15 **十和田湖**

Map

Web

十和田湖周圍環繞著一望
無際的樹海，透過四季、天候
的更迭交替，變換出豐富的多彩表
情。要領略十和田湖之美，可沿
著十和田湖蜿蜒綿長的湖岸線，
沿途共有5處瞭望台，可供遊客全面
鳥瞰十和田湖的風光，但每一處走
來都煞費腳程。若不想太累，也可搭乘航行十和
田湖的遊覽船，一樣能飽覽十和田湖風光。

時間 遊覽船8:45~16:50　休日 11月中旬~4月中旬

價格 遊覽船¥1500

步行 6分 巴士下車處往湖畔前進

14:45 **乙女之像**

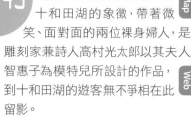

 Map

 Web

高2.3公尺的乙女之像,是十和田湖的象徵,帶著微笑、面對面的兩位裸身婦人,是雕刻家兼詩人高村光太郎以其夫人智惠子為模特兒所設計的作品,到十和田湖的遊客無不爭相在此留影。

時間 自由參觀

一旁的十和田神社祭祀著日本武尊,歷史可超過千年呢!

15:20

利用JR巴士串聯八甲田山,延伸為多天行程,好好徜徉在十和田八幡平國家公園美景當中。

¥3050

搭巴士 2小時15分 搭乘JR巴士,至終點八戶駅西口下車,從東口徒步3分即達

17:45 **えびす家**

Map

 Web

えびす家提供八戶在地料理,在盛產海鮮的八戶,店內當然是以各式海產為主,生魚片、扇貝燒、香煎鯖魚,簡簡單單的烹調更能呈現出新鮮海產的美妙原味,當然也不能錯過八戶的仙貝汁,還有各種八戶的地方鄉土料理,在這裡都能吃到。

時間 17:00~23:00 **休日** 週日,遇假日順延

走回車站

步行 3分

八戶駅 JR線

19:00

若體力還OK,建議搭車至本八戶站,有更多飲食選擇!

Goal!

弘前和洋建築混搭巡禮之旅

摘蘋果　弘前城　西洋建築　蘋果派　睡魔村

歐洲傳教者到訪興建的西洋建築，讓弘前的街道充滿了異國氣氛。市區觀光最著名的就是弘前城，在東北的賞櫻名所中人氣最高，近郊則有蘋果公園和稻田藝術，多樣化景點一天也玩不完！

早
09:00 弘前駅
10:00 弘前市蘋果公園／午餐

午
12:00 津輕藩睡魔村
13:00 弘前公園
15:00 藤田紀念庭園
　　　　大正浪漫喫茶室

晚
17:30 山崎餐廳／晚餐
19:00 弘前駅

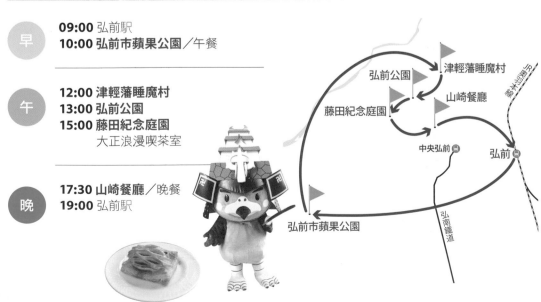

異國氛圍濃厚的弘前，適合安排個2天1夜！

採果、文化、古城、洋館、美食, 輕探獨特弘前滋味

Start！

Point！ 在弘前市內觀光可搭乘弘南巴士的百元巴士，有土手町循環、城東循環、ためのぶ號3條路線，售有1日券¥500。

09:00

 弘前駅 JR線·弘南鐵道

¥200
搭巴士 **40**分

搭乘ためのぶ號至りんご公園下車；或是搭乘往相馬方向的弘南巴士在常盤坂入口下，徒步約7分可達

10:00

弘前市蘋果公園

來到蘋果公園，當然要體驗採收蘋果。園內有65種、1300棵蘋果樹，8~11月中時樹上結實纍纍，鮮豔欲滴的色澤讓人忍不住邊採邊吃，11月時會舉辦收穫祭，可以動手烤蘋果麵包或是品嚐現烤蘋果派。5月更有蘋果花祭，在白裡透紅的花海中欣賞猶帶殘雪的岩木山，別有一番滋味。

Map

Web

時間 9:00~17:00 **價格** 蘋果採收體驗1kg約¥360

¥100
搭巴士 **20**分

搭乘ためのぶ號，至津輕藩ねぷた村下車

12:00

津輕藩睡魔村

弘前公園旁的津輕藩睡魔村，展示的是在弘前市舉辦睡魔祭時的巨型燈籠。這裡還結合青森的民俗工藝體驗，與東瀛味十足的津輕三味線表演，即使是一個人入場參觀，也會有盛大的太鼓演出歡迎遊客。

Map

Web

時間 9:00~17:00 **價格** 大人¥600，高中國中生¥400，小學生¥300，幼兒¥100

每年8/1~7日弘前睡魔祭熱鬧上演！

睡魔村旁即是　　步行 **5**分

弘前公園

13:00

以弘前城為中心的弘前公園，是歷代津輕藩主居城。城內天守閣、櫓、城門、三重護城河仍保存完好。公園內外郭有超過5千株櫻花樹，讓弘前公園的春日都沉浸在櫻花的粉嫩中。站在鷹丘橋上，可以清楚看見天守閣及枝垂櫻，還有遠方的岩木山為背景，煞是好看。

時間 弘前城4月1日~11月23日9:00~17:00，櫻花祭期間7:00~21:00　價格 弘前城(含天守閣)大人￥320、國中小學生￥100，11月24日~3月31日免費。

弘前公園絢麗的櫻花，美不勝收！

位在弘前城西南方　　步行 **10**分

藤田紀念庭園

15:00

面積超過6千坪的藤田紀念庭園是東北第二大庭園，這裡原本是日本商工會議所初代會長藤田謙一的別邸，建造之時還打造出江戶風格的庭園。除了庭園，境內還有考古館、和館、茶屋以及洋館。

時間 9:00~17:00，11月24日~3月只開放洋館、匠館與高台部　價格 大人￥320，小孩￥100，與弘前城、植物園的三館通票大人￥520，小孩￥160

在藤田紀念庭園中

步行
1分

16:00

大正浪漫喫茶室

Map

Web

大正浪漫喫茶室位在藤田紀念庭園洋館一樓，古典的地磚與雅緻門窗都充滿大正時期的浪漫風情。店內還特別網羅了弘前市內5家熱門蘋果派，只要來到這裡就可以一次品嚐或甜或酸、口感各異的蘋果派。

時間 9:30～16:30 **休日** 無 **價格** 甜點組合(蛋糕或蘋果派+飲料)￥825

17:00

點杯藩士咖啡，啜飲百年前的淡雅滋味。

步行
15分

沿追手門通往車站方向前進，經過青森銀行紀念館後，再步行一小段即達

途中會經過西洋建築群。

這棟「舊第八師團長官舍」星巴克超有氣氛！

17:30 ### 山崎餐廳

Map

Web

弘前市區內有許多法國餐廳，大多使用津輕當地特有的季節性食材。在頗受歡迎的山崎餐廳中，有一道最具人氣的蘋果冷湯，在主廚的巧思下，使用以自然栽培法種植的有機蘋果，加入一些調味，冰鎮過的冷湯展現絕妙的融合滋味，嚐過之後絕對難以忘懷。

時間 午餐11:30～14:00，晚餐17:30～20:30
休日 週一、盂蘭盆節、年末年始 **價格** 套餐￥2750起

步行
20分

弘前駅
JR線

19:00

Goal！

絕景五能線鐵道小旅行

白神渡假號　青池　不老不死溫泉　鐵道　津輕三味線

東北地區的JR五能線是日本全國地方線中人氣最高的路線,沿線可見開闊壯麗的日本海景致,經世界自然遺產白神山地及十二湖等著名景點,被盛讚為「一生必得搭乘一次」的絕景地方線。

早	08:00 青森駅 10:16 千疊敷
午	12:00 十二湖 　　　青池 15:00 不老不死溫泉
晚	19:00 秋田駅

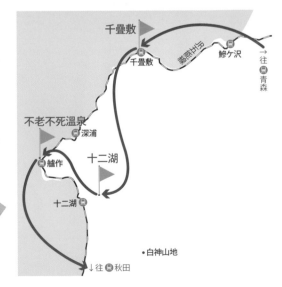

前進日本海與白神山地，一日觀光列車之旅
Start！

利用JR PASS可以直接劃位白神渡假號～

Point!
五能線青森~秋田間單趟車程就要5小時，在安排一日順遊景點時要掌握好時間，最多只能玩2個點！

08:00 🚌 **青森駅**
JR線

¥2220

搭電車 2小時7分

搭乘8:09白神渡假號，至千疊敷駅下車

白神渡假號

白神渡假號擁有青池、くまげら及橅三種車型，車內設有榻榻米座的和式包廂及展望風景的大玻璃車窗，能盡覽JR五能線沿途美景。

區間 青森~秋田 **時間** 每日行駛，一日3班往返(需事先預約，請在官網確認運行班次)

Web

車上販售各式各樣的限定商品。

列車上還有津輕三味線的現場演奏～

🚌 **千疊敷駅**
JR線

10:16

千疊敷

千疊敷是西津輕海岸最有人氣的特色景觀，名稱來自於相連的岩石塊就像是和室坐墊般方整排列了上千塊，據說這獨特的地形是來自於1792年的一場大地震，海底地盤隆起約2公尺所形成，還能欣賞到夕陽美景。

Map

Web

時間 自由參觀 **備註** 白神渡假號列車(2.3.4.5號)會在此停留15分鐘

10:31 ¥1300
千疊敷駅 JR線

搭電車 55分　繼續搭乘白神渡假號，
至十二湖駅下車，火速寄放行李

11:40 ¥370
十二湖駅 JR線

搭巴士 15分　搭乘弘南巴士，至奧十二湖下車

12:00

十二湖

白神山地西麓有33座森林湖泊，其中12座被譽為最美麗的「十二湖」，也是觀光客最容易抵達的區域。沿著十二湖的散步路線，沿途可看到許多獨特的原生植物，輕鬆抵達山毛櫸原生林，盡享芬多精的自然洗禮。

時間 自由參觀

└ 十二湖

青池

十二湖裡最出名的青池，大片綠意之中闖入眼簾的這一汪湖水，美得讓人猝不及防，深藍色的湖水顯得既魔幻又神秘，飄浮在湖面的落葉與湖底清晰可見的櫸木枯枝，更為這座湖泊增添了幾許氣韻。

13:35 ¥370

搭巴士 15分　搭乘弘南巴士，回十二湖駅拿行李，
順便逛逛附近商店

可預約森林嚮導帶領觀賞野鳥及原生植物。

14:30 ¥470

搭巴士 30分　搭乘弘南巴士，至不老不死溫泉下車

Tips 旅館與車站間有免費接駁巴士，記得配合列車班次先預約～

15:00 **不老不死溫泉**

黃濁色的溫泉在夕陽時分，呈現不可思議的金黃色。帶有鹹味的海風徐徐吹來，眼前是壯麗海景，廣闊的開放感讓人像是泡在海裡，還有海浪聲相伴，獲得極度滿足與感動。旅館內的展望風呂居高臨下，同樣能夠眺望大海美景。

Map

Web

時間 純泡湯9:00~19:00 (海邊露天風呂~16:00，之後為住客專用) 價格 一泊一食每人￥6050起；純泡湯大人￥600，小孩￥300

©青森県観光連盟

車站旁有歐風建築的複合式度假勝地WeSpa椿山。

接駁巴士 5分

ウェスパ椿山駅 JR線

16:53 ￥2510

搭電車 2小時3分

搭乘白神渡假號「橅」，沿途欣賞夕陽美景，最後至終點站秋田下車

外形優美的「橅」以白神山地的大自然為意象所設計！

秋田駅 JR線

19:00

Goal !

©秋田県観光振興課

©秋田県観光振興課

天空の不夜城

列車經過的能代市，以8月上旬的七夕祭典「天空の不夜城」馳名，宛如城郭的巨型燈籠在夜幕下的街道華麗遊行。除了祭典，也必訪國登錄有形文化財的「舊料亭金勇」，大廣間的榻榻米長達9.1公尺，體驗昭和初期的繁榮奢華。

探訪秋田魅力輕旅行

角館　陸奧小京都　田澤湖　乳頭溫泉　秋田美人

來到秋田犬的故鄉,在充滿古都風情的角館想像自己無意闖入江戶時代,乘著巴士遊覽這座有著凄美辰子姬傳說的日本最美湖泊,最後潛入深山秘湯,來場療癒身心靈的溫泉巡禮,秋田將帶給你前所未有的絕妙體驗。

早
09:00 角館駅
09:30 角館武家屋敷
角館歷史村青柳家

午
12:00 櫻之里／午餐
14:30 田澤湖
辰子像
御座石神社

晚
18:10 乳頭溫泉

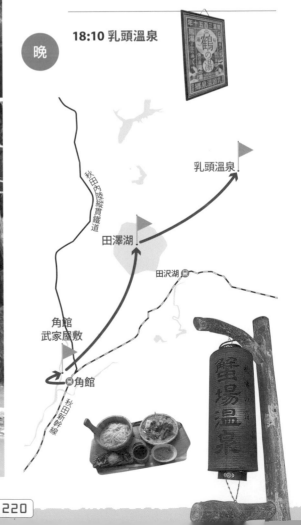

秋田內陸縱貫鐵道

乳頭溫泉

田澤湖

田沢湖

角館
武家屋敷

角館

秋田新幹線

古都、湖泊、秘湯，
品味秋田魅力三元素
Start！

車站、旅客中心都可寄放行李～

Point！ 角館主要觀光景點皆距離車站約15分鐘路程以上，可以租台自行車輕鬆遊覽角館市區，預算較多的人則可選擇人力車。

09:00 🚃 角館駅
　　　　　　 JR線

步行 15分 沿站前路直走約700公尺，至郵局前路口右轉，直行約230公尺即達武家屋敷街道

09:30 ### 角館武家屋敷

看來深具厚重樸實感的武家屋敷，是構成角館觀光資源的主角，其中的石黑家、青柳家、岩橋家、河原田家，為佐竹藩主的4個重要家臣，其屋舍是江戶時代具崇高地位武士的代表性宅邸，從建築物散發的不同風味，可看出主人的性格，到武家屋敷造訪，一定要特別入內參觀。

時間 價格 依各屋敷而異

步行 4分 在武家屋敷通北端

 Map

角館武家屋敷

10:30 ### 角館歷史村青柳家

青柳家隸屬於佐竹北家旗下武士所有，代代扮演著儲藏所有物的角色，在當時頗具地位，可說是武家屋敷的代表建築。占地極廣的青柳家，就像是角館的主題歷史村，散落的建築進駐許多和風小店，頗具可看性。

Map

 Web

時間 9:00～17:00(11～3月～16:00)
時間 大人¥500，國高中生¥300，小學生¥200

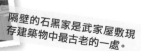
隔壁的石黑家是武家屋敷現存建築物中最古老的一處。

河原田家旁

步行 4分

角館武家屋敷

櫻之里

12:00

Map

Web

來到角館想要一次品嚐秋田的鄉土料理，那就非櫻之里莫屬了。遠遠地就可以聞到陣陣炭火香氣，櫻之里最出名的比內地雞串燒就在門口以開放式的櫃檯吸引往來的遊客。點菜率最高的是比內地雞親子丼，口感軟嫩，香滑順口。

步行 15分

時間 10:30~17:00，冬季11:00~16:00 價格 稻庭溫烏龍麵￥1,040，比內地雞親子丼￥1,700

13:50

角館駅
JR線

￥1620

搭電車 14分

田沢湖駅
JR線

搭乘新幹線至田沢湖駅下車

Tips 武家屋敷↔田沢湖駅間也有巴士，車程約30分￥580

￥370

搭巴士 11分

轉搭羽後交通巴士，至田澤湖畔下車

Tips 羽後交通田澤湖一周路線，由車站出發行經田澤湖畔景點，10:45、13:25、15:25的班次還會留下散步時間，是玩田澤湖最便利的方式！乘車券￥1210

14:30 田澤湖

Map

被奧羽山脈及出羽山地所環夾的田澤湖，是日本第一深的湖泊，深度達423.4公尺，水質清澈，透明度更曾是僅次於北海道摩周湖的日本第二，雖然因汙染而使透明度降低，不過季節轉移時，變化出的不同面貌總是吸引許多人前來朝聖。

搭乘田澤湖一周線，沿路觀賞景點

搭巴士 11分

時間 遊覽船4月~11月運行9:00~16:00 價格 遊覽船￥1,220

Map

Web

田澤湖

辰子像

15:55

金碧輝煌、容貌姣好的辰子像是田澤湖的女神，年復一年地佇立在西側的湖邊上，從這裡欣賞田澤湖角度剛好，遠道而來的遊客紛紛與辰子像一起拍照留念。

時間 自由參觀 備註 巴士在此停留20分

不妨搭乘田澤湖遊覽船，盡情瀏覽湖上風光。

御座石神社

田澤湖

搭巴士 10分

16:25

御座石神社裡頭供奉著守護湖泊的神明。神社對面矗立著點綴田澤湖的紅色鳥居，在一片湖光山色襯托下，顯得特別引人注目，也為田澤湖增添一絲神祕感。

時間 自由參觀 　**備註** 巴士在此停留10分

搭巴士 21分 繼續搭乘田澤湖一周線回車站

17:20

田沢湖駅 JR線

¥840

搭巴士 50分 搭乘羽後交通乳頭線，至乳頭溫泉各旅館下車

乳頭溫泉

18:10

乳頭溫泉鄉是日本全國數一數二的溫泉勝地，因為地處山林抵達不易，更有著「秘境湯泉」的響亮名聲。乳頭溫泉泉色白濁，各處溫泉泉源不同，含有的礦物質也有所不同，據說只要完成乳頭溫泉鄉泡湯巡禮，就能夠治癒百病。

©秋田県観光連盟

Goal！

住宿推薦

鶴之湯溫泉別館「山之宿」

鶴之湯是乳頭溫泉中最古老的溫泉，別館「山之宿」從大廳、餐廳到房間都是獨立的木造建築，以廊道銜接，春天可欣賞叢生的水芭蕉，夏天的山毛櫸木展現新綠氣象，秋天紅葉，而銀白世界的冬天更是美得令人神往。

住宿推薦

©秋田県観光連盟

妙乃湯

乳頭溫泉鄉中最受女性歡迎的人氣旅館「妙乃湯」，擁有金之湯、銀之湯兩種源泉，可享受不同的功效。旅館沿著溪流而建，露天風呂可欣賞到因溪流段差產生的瀑布美景，夏天甚至還能看到螢火蟲飛舞。

平泉世界文化遺產一日行

藤原氏　第一美溪　岩手　麻糬料理　中尊寺

被列入世界文化遺產的平泉地區，是平安時代由藤原氏一族管理的遼闊平原，在當時就已經創造出媲美京都的熱鬧城市，留下許多讓人神往的寺院遺跡，成了今日的觀光重點。前往平泉途中順道一訪美麗的嚴美溪，品嚐當地的麻糬料理，讓行程更添豐富。

早
09:00 一ノ関駅
09:30 嚴美溪
　　　　郭公屋
11:00 世嬉之一／午餐

午
13:00 中尊寺
15:35 毛越寺

晚
17:30 平泉駅

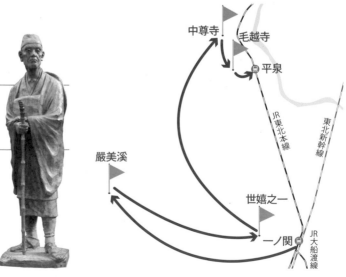

絕美溪流和千年古寺
一窺藤原氏昔日風華
Start!

10月中旬~11月中旬是最佳賞楓時期！

Point!

岩手交通推出「一×平泉一日券」¥1200，包含5條往來中尊寺、毛越寺、嚴美溪、須川溫泉等景點的巴士路線，可善加利用！

09:00 一ノ関駅 JR線

萌翻眾人的寶可夢列車從一ノ関發車~

¥500 搭巴士 **21分**

車站前9號乘車處搭乘巴士嚴美溪線，至嚴美溪下車

09:30 嚴美溪

有「日本第一美溪」之稱的嚴美溪，兩岸的櫻木和楓木林長達2km，每每到了櫻花盛開或楓葉轉紅之際，這裡便染上五顏六色，或是粉嫩或是火紅的色彩，與溪流景色互相烘托，叫人為之心醉，是東北地方著名的賞櫻與賞楓名所。

Map

Web

時間 自由參觀

在嚴美溪另一岸 步行 **1分**

嚴美溪

10:15 郭公屋

嚴美溪最受遊客歡迎的是特產郭公糰子，當客人點了一盤郭公糰子，店家會將現作的郭公糰子和茶放進竹籃裡，再以吊索傳送到對岸的遊客手中，遊客再將錢放入竹籃中，以木槌回敲告知店家，店家再慢慢拉回，糰子往返的過程可是人氣景觀呢。

Map

Web

時間 9:30~15:00（3~11月） 休日 冬季休12~3月上旬 價格 一盒¥500(內有芝麻、醬油、紅豆口味共三枚)

別的選擇

猊鼻溪

擁有鬼斧神工自然景致的猊鼻溪，一年四季都能夠搭船體驗這壯闊美景，從乘船口出發，途中可以見到聳立的奇岩怪石，到了溪流底端，可以上岸觀看猊鼻溪名稱由來的奇石「獅子之鼻」。隆冬甚至可來搭乘暖爐船，享受日本人過冬的趣味。

交通 從JR大船渡線猊鼻溪駅徒步約5分 **時間** 泛舟約8:30~16:00，大致每小時1班。行駛時間因季節而異 **價格** 大人¥1800，小學¥900，3歲以上幼兒¥200

10:40

¥440

搭巴士 17分

搭回程巴士，至一関一高前下車，徒步3分即達

11:00　世嬉之一

　Map

　Web

世嬉之一是一之關地區最著名的造酒廠，整體建築融合拱形窗、浮雕及西洋建築元素，被指定為日本國登錄有形文化財。做為餐廳使用的藏元，販賣麻糬料理、南部雜煮、前澤牛等一之關鄉土料理，在充滿懷舊風情的建築內用餐，相當浪漫。

時間 餐廳11:00~15:00
休日 12月27日~1月1日
價格 一關もち膳¥1,500、豚酒しゃぶ膳¥3,300

走回下車的巴士站

步行 3分

車站東口前也有一間提供義大利麵等簡餐的咖啡廳Cafe Monter~

もち料理

平泉、一之關的麻糬很有名，當地麻糬料理源於江戶時伊達藩的祭神文化，因為百姓供不起白米麻糬，只好設法讓雜糧麻糬變美味，成為流傳400餘年的風俗。當地人認為麻糬是最好的招待，甚至有「麻糬日曆」，一年約60天都要吃麻糬！

12:25

¥330

搭巴士 22分

一関一高前搭乘巴士一関前沢線，至中尊寺下車

13:00 **中尊寺**

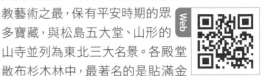

建於西元850年的中尊寺是東北最古老的寺廟，也是日本國寶級的第一名寺，更是東北的佛教藝術之最，保有平安時期的眾多寶藏，與松島五大堂、山形的山寺並列為東北三大名景。各殿堂散布杉木林中，最著名的是貼滿金箔的金色堂和經藏，為遊客必參觀之處。中尊寺也是賞楓勝地，深秋時節，火紅楓葉如彩霞般包圍寺廟，別有一番出塵意境。

15:15
¥150

讚衡藏展示中尊寺代代相傳的寶物和文化財！

時間 3月~11月3日8:30~17:00，11月4日~2月底8:30~16:30 價格 大人￥800、高中生￥500、國中生￥300、小學生￥200

搭巴士 **4分** 搭乘一関前沢線，至平泉駅下車

¥200

轉搭平泉巡迴巴士「るんるん」
(4月~11月假日運行)，至毛越寺下車

搭巴士 **2分**

Tips 平泉駅到毛越寺步行只需7分！

15:35 **毛越寺**

與中尊寺齊名的毛越寺，傳說是850年慈覺大師尋訪東北時，在大霧中見到一隻白鹿消失後，便有白髮老人現身告知在此興建寺廟殿堂方能弘揚佛法。寺院境內中心正是足以展現佛法宏大的淨土庭園，已有800餘年的歷史，而臨池伽藍跡更是日本庭園史上的貴重景觀，不容錯過。

17:00

返回車站

步行 **7分**

時間 8:30~17:00(11月5日~3月4日~16:30)
價格 大人￥700，高中生￥400，國中小學生￥200

平泉駅
JR線

17:00

17:30

Goal！

徜徉松島碧藍海灣 島嶼絕景

日本三景　松島　吃牛舌　五大堂　遊覽船

日本三景之一的松島，以明媚的海岸風光和歷史古蹟，吸引名人雅士駐足留連。松島面臨松島灣，湛藍海洋中浮著一座座因地殼變動而形成的小島，島嶼經過海水與海風的侵蝕，加上綠樹點綴，呈現出萬般的風情。

早
09:30 仙台駅
11:00 **松島**
　　　松島遊覽船

午
　　　五大堂
12:30 松島魚市場／午餐
　　　瑞巖寺
　　　円通院

晚
17:00 **仙台**
　　　牛たん炭焼 利久／晚餐
　　　AER展望台
19:30 仙台駅

東北新幹線

松島
松島海岸　松島

松島灣　　　●奧松島

本塩釜

JR東北本線

JR仙石線

仙台　仙台

仙台地鐵

来仙台就是要大啖牡蠣和牛舌!

美食美景雙享受,
悠閒漫遊松島一日路線
Start!

每年8月15日松島會舉辦盛大的煙火祭典,當天人潮擁擠,預約房間手腳要快,才不至於露宿街頭喔!

09:30

仙台駅
JR線

¥420

搭乘JR仙石線,至松島海岸駅下車

搭電車 40分

松島海岸駅
JR線

安土桃山建築的觀瀾亭是欣賞松島景緻的好地方。

繞過站前綠地公園,觀瀾亭旁即是

步行 6分

松島

松島遊覽船

11:00

想要一次看盡松島灣上星羅棋布的小島,搭乘松島灣遊覽船當然是不二選擇,搭乘遊覽船除了可以遠眺松島海岸邊的五大堂、觀瀾亭,以及海灣上亮麗的礁岩小島外,還可以餵食海鷗。

Map

Web

時間 9:00~16:00(依季節、氣候而異),每小時1班 **價格** 大人¥1500、小孩¥750

乘船處旁即是

步行 1分

©宮城縣觀光課

若對神社有興趣,也可搭船至鹽釜港參拜一之宮鹽竈神社~

松島

五大堂

12:00

五大堂可説是松島的代表風景,只見一座赤紅色的太鼓橋跨過松島海岸,連接著綴滿翠綠松柏的小島,而五大堂就是小島上亭亭而立的日式樓簷。五大堂前身為平安時代武將坂上田村麻呂在東征時所建,是東北最古老的桃山文化建築。

Map

Web

時間 8:30~17:00(3、10月~16:30,2、11月~16:00,12~1月~15:30) **價格** 大人¥700,國中小學生¥400

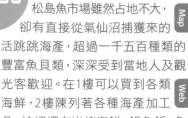

12:30 ⌐松島

松島魚市場

松島魚市場雖然占地不大，卻有直接從氣仙沼捕獲來的活跳跳海產，超過一千五百種類的豐富魚貝類，深深受到當地人及觀光客歡迎。在1樓可以買到各類海鮮，2樓陳列著各種海產加工品。這裡還有炭烤海鮮、鰻魚飯、魚翅拉麵及壽司等多種選擇。

 Map

 Web

時間 平日9:00~16:00，假日8:00~16:00

對面還有間人氣牡蠣小屋，讓你烤牡蠣吃到飽！

往車站方向行走即達

步行 **5**分

⌐松島

瑞巖寺 **14:00**

瑞巖寺外觀色調雖然古樸單一，內部裝潢卻極盡奢華之能事，由大師級畫匠所繪的隔間門板、壁畫，金碧輝煌，廳堂裡陳列著多種珍奇古董、雕像、器物。中門兩旁種植著伊達政宗出兵朝鮮時帶回的臥龍梅，每年梅花盛開時，為瑞巖寺更添高雅的氣息。

Map

Web

時間 8:30~17:00（3月、10月~16:30，2月、11月~16:00，12~1月~15:30） 價格 大人￥700，國中小學生￥400

步行 **1**分

瑞巖寺旁

⌐松島

円通院 **15:00**

円通院是二代藩主伊達忠宗的次男伊達光宗的廟宇。三慧殿外觀古樸，內部神龕卻也是五彩金光的桃山式建築縮小版。特別的是，由於基督教當時受到打壓，一些歐化的圖形象徵便隱藏在神龕中。

 Map

 Web

時間 9:00~15:30 價格 大人￥500、國中小學生￥300

步行 **5**分

16:00
¥420

松島
海岸駅
JR線

搭電車
40分

搭乘JR仙石線，至仙台駅出站步行3分至牛たん通り

仙台駅
JR線

17:00

仙台
牛たん炭焼 利久

利久是知名的連鎖牛舌料理店，仙台車站內的這一家利久就位在牛たん通り裡，許多旅客都會選擇在這裡就近品嚐牛舌的美味。利久的牛舌充滿嚼勁，每經過一次咀嚼，燒烤的香氣與鮮甜肉汁就愈明顯，熱烈的火爐傳出的陣陣香氣，更讓人食慾大開。

Map

Web

時間 10:00~22:30 **價格** 牛舌定食(牛たん定食)¥1,782起

步行
3分

西口徒步即達

18:30

仙台
AER展望台

在百貨齊聚的仙台車站周邊，AER只能算是中小型的百貨，但是在31樓卻有仙台最高的展望台。搭上直達電梯，來到高達145公尺的展望台，可以看到鬧區於夜色中閃著燈火，商店街的拱形遮頂更是連成一條亮眼直線，仙台市街景盡在眼底。

Map

Web

時間 10:00~20:00 **休日** 1/1 **價格** 展望台免費

步行
3分

車站周邊許多百貨讓人逛不完～

19:30

Goal!

冬季限定山形秘境之旅

樹冰奇景　泡湯　山寺　山形牛　銀山溫泉

倚靠日本海的山形縣以櫻桃最大產地聞名，握有千年古剎、奇特樹冰、百年溫泉等多元景點，冷颼颼的冬天正是遊玩山形的好時機，不妨跟著行程一起體驗最精采的山形玩法！

DAY1

 早
08:00 仙台駅
10:30 藏王樹冰
　　　　藏王溫泉街／午餐

 午
15:50 銀山溫泉

DAY2

 早
09:00 白銀公園

 午
12:15 佐五郎／午餐
14:30 山寺

 晚
17:30 山形駅

景點往來交通班次不多，兩天一夜慢慢玩才剛好！

賞雪怪、吃和牛、訪聖地、泡好湯，
山形重點一次玩透透

Point!

冬季受天候影響，藏王纜車、JR鐵路皆有可能因大雪而停駛，需多加留意！

Start ! · **DAY 1**

08:00 ¥1800

🚌 **仙台駅**
JR線

仙台駅東口76號乘車處搭乘山交巴士，至藏王溫泉下車，徒步15分至纜車搭乘處（冬季運行，且需提前預約）

搭巴士 1小時30分
¥1800

藏王纜車山麓站搭乘藏王纜車，至地藏山頂下車

搭纜車 17分

從纜車上眺望樹冰群，壯觀到不要不要～

藏王樹冰

Map

Web

10:30

藏王樹冰是冬季藏王冰原上最特殊的自然奇景，大約從每年的11月底到12月初開始形成，1、2月期間藏王冰原翠綠的蒼松便完全被白雪包覆，形成人形、野獸等各種千奇百怪的模樣，是近年人氣竄升的景點。

時間 8:30-16:45　價格 纜車往返 ¥3500

搭纜車 17分
¥1800

搭乘藏王纜車，回藏王纜車山麓站，再徒步至溫泉街

12:00

藏王溫泉街

藏王溫泉自古即與白布溫泉、信夫高湯並稱為奧羽三高湯，有最上高湯之稱。高湯通和樹冰通是主要溫泉街，街上有3處公共浴場，是當地居民社交休憩的場所，遠一點還有藏王溫泉大露天風呂，可以飽覽自然美景。

Map

時間 依店家而異

13:20

¥1000

搭巴士 45分 ｜ 山形駅 JR線 ｜ 搭乘巴士至山形駅下車

¥680

搭電車 50分 ｜ 大石田駅 JR線 ｜ 搭乘新幹線，至大石田駅下車

¥720

搭巴士 40分 ｜ 轉乘「銀山はながさ号」，至銀山溫泉下車

15:50

銀山溫泉

銀山溫泉在16世紀時原本以豐富的銀礦而繁榮，曾是日本三大銀礦產區之一。然而17世紀末一場嚴重的礦山崩塌，讓此地一夕之間成為了廢礦。幸而溫泉帶來轉機，18世紀開始，銀山溫泉以湯治場重新為世人知悉，讓銀山又再度熱鬧了起來。

時間 價格 依各旅館而異

住宿推薦

能登屋旅館

外觀華麗相當引人注目的能登屋，創業於1892年，經由當時木匠師傅的精細雕琢，旅館光外觀就讓人驚艷，並被指定為國家登錄文化財。館內到處都是古董，從大正時期保存至今的階梯、古董電梯到日西合璧的談話室等，都值得細細品味。

Map

Web

價格 一泊二食每人¥19800起(二人一室價)

Goal !

DAY2

Start !

銀山溫泉

白銀公園

09:00

10:35

¥720

搭巴士 40分 ｜ 大石田駅 JR線

白銀公園的步道沿銀山川鋪設，沿途綠蔭繁茂，園內的白銀瀑布落差22m，兩道粗細不一的瀑布激濺起水花，帶來痛快和清涼感。遊客可探訪昔日繁榮的銀礦坑，走在不見盡頭的洞窟之中，感受沁入皮膚的陣陣涼意，很有探險的樂趣。

時間 價格 自由參觀

銀山溫泉公車站搭乘「銀山はながさ号」，至大石田駅下車

¥680

搭電車 50分

山形駅
JR線

搭乘新幹線，至山形駅下車

步行 3分

12:15

佐五郎

Map

Web

佐五郎是從明治43年開始營業的老店，作為山形牛專賣店，店家提供的是特製的壽喜燒、涮涮鍋，若是擔心預算太高，不妨趁著午餐時間來品嚐，大人氣的牛排定食是以腰肉製成，每日更有數量限制，若是吃不到這一品，燒肉定食也是一絕！

時間 午餐11:30~(L.O.13:30)，晚餐17:00~(L.O.21:00) **休日** 週日，不定休 **價格** 平均預算午餐約￥1500，晚餐約 ￥7000起

13:55

山形駅
JR線

¥240

搭電車 22分

山寺駅
JR線

搭乘JR仙山線，至山寺駅下車

步行 4分

吃飽喝足至霞城公園散散步~

14:30

山寺

Map

Web

寶珠山立石寺(通稱為山寺)以東北聖地之一聞名。於西元860年建造，曾是比睿山延曆寺的分寺。山門開始沿途層巒疊嶂、怪石林立，有些岩石還流傳著慈覺大師開山時的傳說，石階兩側有成千上萬的祈禱輪、石雕地藏和石燈籠，十分壯觀。

時間 8:00~17:00，冬季8:30~15:00 **價格** 入山費大人￥300、中學生￥200、國中以下￥100

步行 4分

¥240

搭電車 22分

山寺駅
JR線

搭乘JR仙山線，至山形駅下車

山形駅
JR線

17:30

五大堂為山寺視野最好的展望台！

Goal !

杜之都仙台惬意輕旅行

🏷 藏王　狐狸天堂　仙台市區　伊達政宗　毛豆麻糬

曾是日本著名武將伊達政宗領地的仙台，遺留下許多歷史建築、遺跡，成為當地代表性景點，身為東北第一大城，美食、百貨、商店街也無所不在，近郊的狐狸村更是近年來人氣觀光景點。

早	**08:15** 仙台駅 **09:30** 藏王狐狸村

午	**12:30** 仙台 　　　　仙台朝市／午餐 　　　　瑞鳳殿 　　　　仙台城跡

晚	**17:00** 甘味処 彦いち 　　　　一番町／晚餐 **20:00** 仙台駅

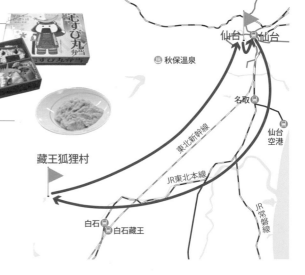

市區·近郊一日串聯,必訪景點走透透

仙台市區靠巴士、地鐵就能暢行無阻!

Point!

切記勿穿著飄逸的裙子和垂掛飾品,以免被狐狸誤以為是蛇、老鼠等小動物而咬人。

Start!

08:15

仙台駅 JR線

¥770

搭乘JR東北本線,至白石駅下車

白石駅 JR線

搭電車 47分

¥4400

搭計程車至藏王狐狸村

搭計程車 30分

Tips

另外可選擇在JR白石藏王站搭乘タケヤ交通往青根溫泉方向的巴士みやぎ蔵王山麓アクセス線,週五到週一與假日運行(可能隨季節改變),可直達狐狸村,車程約30分鐘¥800(來回¥1500)。

09:30

藏王狐狸村

藏王狐狸村位在仙台市西南方的宮城藏王山上,裡頭放養了超過100隻狐狸,能近距離觀察狐狸睡覺、吃飯、玩鬧的姿態,甚至可以體驗抱狐狸,如此療癒人心的天堂,儘管交通不甚便利,仍吸引眾多旅客朝聖。

¥4400

搭計程車 30分

搭計程車回車站,可請園區人員協助叫車

Map

Web

11:30

白石駅 JR線

¥770

搭乘JR東北本線,至仙台駅下車

搭電車 50分

仙台駅 JR線

時間 9:00~17:00(冬季至16:00) 休日 週三
價格 入園費¥1000,抱狐狸體驗¥600 註 狐狸村非一般動物園,為確保安全須確實遵守園區規定。

步行 5分

仙台駅西口徒步即達

仙台

仙台朝市

12:30

仙台朝市是「仙台的廚房」,自二戰起就是重要的食物集散地。雖然名為「朝市」,但這裡其實是商店街,並不像真正的朝市那樣早早營業早早收攤,可以悠哉地邊買邊逛,感受當地生活氛圍。

Map

Web

時間 9:00~18:00 休日 週日及例假日,不定休(依店家而異)

¥260

搭巴士
15分

仙台駅西口搭るーぷる仙台，
至瑞鳳殿前下車

るーぷる仙台以密集的
班次巡迴各大景點，可
購買一日券¥630！

仙台
14:00 瑞鳳殿

Map

瑞鳳殿是日本著名武將伊
達政宗的長眠之處，二代忠宗、
三代綱宗的遺骨也供奉在這裡，可
說是3位藩主的靈廟。依照伊達
政宗遺言指示而蓋的瑞鳳殿，為
桃山時代風格的寺廟建築，然而受
戰火波及大部分是近代重建之作。

Web

時間 2月1日~11月30日9:00~16:30，12月1日~1月
31日9:00~16:00 **休日** 12月31日 **價格** 大人
¥570，高中生¥410，國中小學生¥210

¥260

搭るーぷる仙台，至仙台城跡下車

搭巴士
7分

仙台
仙台城跡 15:10

1601年伊達政宗利用青葉山作為天然屏
障，興建了海拔132m的仙台城，因而得名「青
葉城」。如今古城早已湮滅，但在青
葉城資料展示館裡可以欣賞電腦重
現的壯麗城池。

Map

Web

時間 自由參觀(青葉城資料展示館4
月~10月9:00~16:20，11月~3月31日
9:00~15:40) **價格** 青葉城資料展示
館大人¥700，國高中生¥500，小學
生¥300

¥260

搭るーぷる仙台，至広瀬通下車，
徒步3分即達

搭巴士
40分

伊達政宗像是這裡最具
代表性的拍照景點！

17:00 甘味処 彦いち

彦いち是仙台的甜點名店，必嚐名物毛豆麻糬有著滿滿的毛豆泥，清爽的毛豆泥在口中散發濃濃豆子香氣，恰到好處的甜味襯托出麻糬的米香，除了麻糬的紮實咬勁，還可以咬到毛豆顆粒，滋味絕妙。

時間 11:00~19:00 　**休日** 週一，遇假日順延　**價格** づんだもち(毛豆麻糬)¥770

仙台名物「毛豆麻糬」

毛豆麻糬是從前仙台藩盂蘭盆節時的食物，現在則隨時都能吃到，普遍認為名稱源於「豆打(ずだ，指將毛豆磨碎)」一詞。因為宮城產毛豆，近年還有毛豆奶昔、毛豆冰淇淋等特色甜點呢。

步行 1分　彦いち即在一番町

仙台

一番町 17:30

包含サンモール一番町、ブランドーム一番町的範圍內，聚集了時尚、美食、生活流行店家，是仙台市最熱鬧的商店街，同時也是每年的仙台七夕祭的舉辦地點，周邊還可串聯定禪寺通等商店街，讓你逛到不要不要。

時間 **價格** 依店家而異

Map

步行 10分　一路逛回車站

🚃 仙台駅 JR線

20:00

Goal !

這裡也是牛舌專賣店的激戰地，選擇超多元～

福島純樸風情一日紀行

三大合掌村　鶴城　大蔥　東山溫泉　會津若松

說到福島，難免會想起三一一大地震，其實福島主要觀光地並沒有受到太大影響，作為日本第三大縣，這片土地擁有豐富景觀與物產，大內宿的茅屋風情、歷史感濃厚的會津若松，都是這裡的迷人風景。

早 | **09:19** 会津若松駅
| **10:30** 大內宿
| 三澤屋／午餐

午 | **14:00** 鶴城
| 御藥園

晚 | **18:00** 東山溫泉

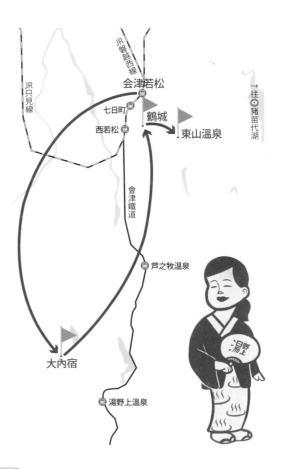

假日可利用觀光巴士省下交通轉乘麻煩！

合掌村、古城、千年溫泉, 福島懷古黃金行程

Start!

Point! 搭乘電車+巴士前往大內宿，建議使用会津鐵道大內宿共通折扣券￥2200會較划算，可向車掌或湯野上溫泉駅等處購買。

搭乘JR只見線‧会津鐵道，至湯野上溫泉駅下車

Tips 会津若松~西若松間屬JR鐵路，可使用JR PASS，無法使用大內宿共通折扣券。

車站前轉乘猿遊號巴士，至大內宿入口下車，步行數分即達

09:19
￥1050
搭電車 40分

会津若松駅
会津鐵道‧JR線

湯野上溫泉駅是東日本唯一一間以茅葺屋方式蓋成的車站！

10:00

湯野上溫泉駅
会津鐵道

二日券 ￥1100
搭巴士 20分

坐復古猿遊號前往大內宿～

10:30

大內宿

鄰近湯野上溫泉站的大內宿是日本三大茅葺村落，當年為通往江戶的重要驛站，曾經十分繁榮。目前茅葺房屋則搖身一變為一間間特色小店，販售各種和風小物、陶燒杯盤，以及會津鄉土料理，滿溢純樸的江戶風情。

時間 9:00~16:30（依各店舖而異）

Map

Web

三大合掌村

大內宿的茅草屋建築，被評定為「重要傳統建造物群保存地區」，與岐阜縣的白川鄉、京都的美山町並稱為茅屋之里。

步行約10分鐘的高倉神社擁有蓊鬱樹林值得一訪～

大內宿入口附近

步行 5分

11:30

三澤屋

來到大內宿，不可錯過「大蔥蕎麥麵」（ねぎそば），在大內宿吃蕎麥麵不是用筷子，而是用附上的大支青蔥撈麵吃。這種吃法源於三澤屋，據說老闆是聽聞顧客分享「將蔥插入小碗可以祈求子孫興旺」的習俗，而想出了這道獨特料理。

Map

Web

時間 9:30~16:00　價格 高遠そば¥1320

12:25

二日券 ¥1100

搭乘猿遊號，回到湯野上溫泉駅

搭巴士 20分　**湯野上溫泉駅** 会津鐵道

假日有限定的會津浪漫號展望列車。

¥1010

轉乘会津鐵道，至七日町駅下車

搭電車 38分　**七日町駅** 会津鐵道・JR線

¥210

車站前搭乘周遊巴士ハイカラさん，至鶴ヶ城入口下車

搭巴士 11分

鶴ヶ城

14:00

重建於近代的鶴城曾是明治維新戊辰戰爭的舞台，天守閣內展出各式刀具、兜和文獻資料，吸引許多歷史迷駐足欣賞。登上最高處可眺望飯盛山及會津若松的城景，賞櫻時節雪白的鶴城與粉嫩的櫻花更是絢麗。

Map

Web

時間 天守閣8:30~ 17:00（入館至16:30）　價格 天守閣¥410、國中生以下¥150，天守閣＋茶室麟閣的共通券¥520

仔細一瞧會發現鶴城的屋瓦是特別的暗紅色！

15:45